学ぶ人は、変えてゆく人だ。

目の前にある問題はもちろん、

人生の問いや、

社会の課題を自ら見つけ、

挑み続けるために、人は学ぶ。

「学び」で、

少しずつ世界は変えてゆける。

いつでも、どこでも、誰でも、

学ぶことができる世の中へ。

旺文社

大学入試 全レベル問題集

英 文 法

国士舘大学教授 小崎 充 著

1 | 基礎レベル

三訂版

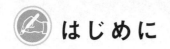 # はじめに

　『大学入試 全レベル問題集 英文法』シリーズは，レベル１～５の５段階で構成されています。高校１・２年生の基礎固めのレベルから，私大中堅～上位校，さらには難関大レベルまで，すべてのレベルの問題がそろっているので，皆さんの今の実力にぴったり合った１冊で入試対策をスタートできます。大学入試で問われる英文法に関する知識を，入試過去問題で定着させながら段階的にレベルアップしていき，最終的には志望大学合格レベルまで着実に得点に結びつけられるように編集されています。

　大学入試で出題される文法問題には，長文読解問題とは異なる難しさがあります。長文読解問題では，数百語の長さの文章が与えられているため，わからない部分があったとしても，前後，周辺の文脈から意味を推測することができます。しかし，文法問題では，わずか１～２行程度で示される英文の意味を文脈による推測に頼らずに正確にとらえ，正解を導く必要があるのです。

　本シリーズに掲載する演習問題を選定する際に最も注意を払ったのは，大学入試で問われる重要文法事項をできる限り広く扱うのは当然として，皆さんが問題を解いていく中で，文の意味を確定する力となる“文脈推理力”を高めていくのにより効果的な問題を，可能な限りたくさん含めることでした。

　ですから，この問題集を利用して学習することで，英文法の知識が確かなものとなるだけではなく，文脈を想像する力が増強されることで，文の意味をより正確にとらえることが可能になり，長文読解問題に取り組む際の強力な武器を手にすることになるでしょう。そして，それは大学でも，さらには社会に出てからも，皆さんにとって大きなアドバンテージになるものと信じています。

小崎　充

目　次

本シリーズの特長

「大学入試 全レベル問題集 英文法」シリーズには以下の特長があります。

1. 「例題」⇒「押さえる」⇒「差がつく」の3部構成

　　本シリーズでは，それぞれの文法項目の知識を皆さんに徐々に深く身につけてもらう目的で，次のような3段階での学習を提案しています。①まずは簡潔に文法事項をおさらいするための**例題**，②基礎問題の**「押さえておきたい6題」**，③応用問題の**「差がつく15題 (10題)」**の3段階学習です。「差がつく」が全問正解できるようになると，実際の入試で本書と異なる設問形式で問われても対応できるような力がついているという目安になります。

2. 学習効率重視のレイアウトと出題

　　本シリーズでは，なるべくコンパクトな形の問題演習を目指しました。見開きページ内で**問題と解答解説が1対1で見られるようなレイアウト**となっているのも，読者の皆さんにリズム良くどんどん解いていってほしいからです。また，知識の定着を最大の目的としているので，四択問題や整序問題などの**スタンダードなタイプの設問形式を中心に**収録問題を選出しています。

3. 入試過去問題から良問を精選

　　本問題集に収録されている問題のほとんどが，**実際の入試で出題された過去問題**です。過去15年分以上，約6万5,000件の入試問題データから，レベル1に適した約300題を精選しました。

4. 総仕上げ——ランダム問題で真の実力を養成

　　実際の入試では，どの文法項目が対象となって出題されているのか，明らかにはされていません。まず，本書の第1〜12章では知識の整理と拡充をするため，それぞれの文法項目に分けて問題演習を行います。各文法項目ごとにしっかり学習を終えたあとは，巻末の**いろいろな文法項目からランダムに問題を集めた**「ランダム20題で力だめし！」に取り組みましょう。このランダム問題は，本書の卒業テストの位置づけです。不正解だった問題は，解説中に示された章に必ず戻って，しっかりと復習しましょう。

志望校レベルと「全レベル問題集 英文法」シリーズのレベル対応表

* 掲載の大学名は購入していただく際の目安です。また，大学名は刊行時のものです。

本書のレベル	各レベルの該当大学
① 基礎レベル	高校基礎〜大学受験準備
② 入試必修・共通テストレベル	入試必修・共通テストレベル
③ 私大標準レベル	日本大学・東洋大学・駒澤大学・専修大学・京都産業大学・近畿大学・甲南大学・龍谷大学・札幌大学・亜細亜大学・國學院大學・東京電機大学・武蔵大学・神奈川大学・愛知大学・東海大学・名城大学・追手門学院大学・神戸学院大学・広島国際大学・松山大学・福岡大学 他
④ 私大上位レベル	学習院大学・明治大学・青山学院大学・立教大学・中央大学・法政大学・芝浦工業大学・成城大学・成蹊大学・津田塾大学・東京理科大学・日本女子大学・明治学院大学・獨協大学・北里大学・南山大学・関西外国語大学・西南学院大学 他
⑤ 私大最難関・国公立大レベル	[私立大学] 早稲田大学・慶應義塾大学・上智大学・関西大学・関西学院大学・同志社大学・立命館大学 他 [国公立大学] 北海道大学・東北大学・東京大学・一橋大学・東京工業大学・名古屋大学・京都大学・大阪大学・神戸大学・広島大学・九州大学 他

著者紹介：**小崎 充**（こざき まこと）

北海道生まれ。東京外国語大学外国語学部英米語学科卒。同大学院修士課程修了。現在，国士舘大学理工学部人間情報学系教授。主著は『入門英文法問題精講 [4訂版]』（旺文社），『快速英単語 入試対策編』（文英堂）など。

日本語でも外国語でも，自分がどんな言葉を使っているのかを意識する力を『メタ言語能力』と言います。言葉の学びでは，このメタ言語能力を高めていくことが重要であり，文法学習もメタ言語能力の向上にとても役立ちます。そして，それがリーディングやリスニングのスキル上達につながっていきます。

〔協力各氏・各社〕

装丁デザイン：糟谷航太（ライトパブリシティ）	編 集 協 力：株式会社 カルチャー・プロ
本文デザイン：イイタカデザイン	校　　　正：佐藤恭子（知可舎），(株)友人社
校　　閲：伊藤裕美子	編 集 担 当：福里真央
英 文 校 閲：Jason A. Chau	

本書の使いかた

STEP 1

まずは文法知識をおさらい

問題を解く前に，**ウォームアップ**として文法事項のおさらいをしておきましょう。それぞれ**文法項目の概念**と，**大学入試で狙われるポイント**がまず各章のはじめに述べられています。このページでは3つの例題で，端的にポイントを復習できるようになっています。ここでわからないことが出てきたら，手間を惜しまずに一度教科書や英文法の参考書に戻ってください。文法・語法情報が掲載されている英和辞典を引いてみることもおすすめします。このひと手間が知識を強固なものにします。

STEP 2

基礎問題 「押さえておきたい6題」で正答率100%を目指す！

各章に，四択空所補充形式に特化した「押さえておきたい6題」を設けました。この6題は，とりこぼしのないように**必ず押さえておきたい基本問題**ばかりを精選しました。間違えた箇所は必ず復習し，**100%の知識の定着**を心がけましょう。スピーディーに基本事項だけおさらいしたい人は，この各章の6題を1冊通しで解いてみるのもおすすめです。

STEP 3

応用問題 ライバルに差をつけろ！ 応用問題で練習を積もう！

やや難度を上げた応用問題「差がつく○題」では，**入試即応の実戦力**を養うため，整序問題などのさまざまな問題形式でトレーニングができるように編集されています。ここには，その章の知識定着にふさわしい題数（10 ～ 15題）が収録されています。演習量をこなすことで文法知識は定着していくものです。さらに，基礎文法事項を使えるものにするためには，多くの例文に触れ，多くの用法に出会うことが必須です。ぜひ意欲的に取り組んでください。

STEP 4

「ランダム問題」で総仕上げ！

文法項目をシャッフルして20題の設問を掲載しています。1冊の学習内容がしっかり身についたかどうか，ここで確認してください。1問1分目安で，ぜひ制限時間を意識しながら解いてみてください。間違った問題は該当する章に戻ってしっかり復習をしましょう。

本書で使用している記号一覧

Vpp ·····················	動詞の過去分詞	S ·························	主語
/, [ ] ················	言い換え	V ·························	動詞
( ) ················	省略可	O, O₁, O₂ ··············	目的語
× ·····················	誤りを示す	C ·························	補語
自 ·····················	自動詞	S′, V′, O′, C′ ·········	節中などにおける文の要素
他 ·····················	他動詞	(V) ·····················	疑問文，倒置における be 動詞および助動詞
名 ·····················	名詞		
形 ·····················	形容詞	☐ ····················	節を導く接続詞，関係詞など
副 ·····················	副詞		
接 ·····················	接続詞		
前 ·····················	前置詞		
熟 ·····················	熟語		

＊すべての解答・解説・和訳の作成は著者および旺文社によるものです。

1 動詞・時制

この章では be 動詞と一般動詞のそれぞれについて基本的な用法を確認するとともに、現在時制・過去時制という英語の基本時制を理解し、さらに助動詞 will や be going to *do* による未来表現および進行形、完了形の用法を身につけましょう。

☑ Check 1 be 動詞と一般動詞

次の文の空所に最も適切なものを選んで入れよ。

　　　　　 this question easy?

① Is　　② Are　　③ Does　　④ Do

（沖縄県立高）

正解 ①

解説 be 動詞と一般動詞の区別は非常に重要です。この問題では、文末に easy という形容詞が置かれているため、〈S（主語）＋ V（動詞）＋ C（補語）〉（**第 2 文型**）の疑問文であると考え、be 動詞を選ぶことになりますが、主語が this question という単数名詞なので、① Is が正解となります。

和訳 この質問は簡単ですか？

■ be 動詞の活用

主語の人称と数に対応する be 動詞の形を確認しておきましょう。

単数				複数			
人称	主語	現在形	過去形	人称	主語	現在形	過去形
1	I	am	was	1	we		
2	you	are	were	2	you	are	were
3	he, she, it 単数形の名詞	is	was	3	they 複数形の名詞		

※ 1 人称＝「私（たち）」、2 人称＝「あなた（たち）」、3 人称＝1・2 人称以外

☑ Check 2 進行形

次の文の空所に最も適切なものを選んで入れよ。

Tom and I 　　　　　 eating lunch now.

① am　　② are　　③ was　　④ were

（栃木県立高）

正解 ②

解説 〈be 動詞＋ *do*ing（現在分詞）〉で「do しているところだ」という動作の進行を示す進行形が作られます。この問題では、まず、空所直後に -ing 形がある

be動詞と一般動詞の区別を前提に，自動詞と他動詞のとる構文に関する知識が求められます。時制については，過去時制と現在完了形の違いが頻出です。また，現在完了形については「継続」の意味での用法がしばしば問われます（p.10 押さえておきたい 6 題：6 参照）。

ことから，進行形であることがわかりますが，主語が Tom and I という複数であり，副詞 now から時制が現在であると判断して，② are を選びます。

和訳 トムと私は今昼食を食べている。

■ 進行形の基本形：〈be動詞＋*do*ing〉

進行形では be 動詞が用いられますので，主語の人称や数，さらには時制の違いによって be 動詞の形が変わることになります。また，疑問文や否定文は以下のように作られます。

疑問文：*Are* you study*ing* now?（be動詞を主語の前に置く。）

あなたは今勉強していますか？ 〈現在進行形〉

否定文：She *was not* watch*ing* TV then.（否定語を be 動詞の後に置く。）

彼女はそのときテレビを見ていなかった。 〈過去進行形〉

✓Check 3 現在完了形

次の文の空所に最も適切なものを選んで入れよ。
Have you ever [ ] her before?
① see ② saw ③ seen ④ seeing （神奈川県立高）

正解 ③

解説 現在完了形は〈have＋Vpp（動詞の過去分詞）〉の組み合わせで作られ，その疑問文では主語の前に have が置かれます。この問題では文頭の Have により現在完了形の文だとわかるので，Vpp の ③ seen が正解になります。

和訳 これまでに彼女に会ったことはありますか？

■ 現在完了形の意味

完了・結果：He *has* just *finished* reading the book.

現在までの動作の完了や結果：彼はちょうど本を読み終えたところです。

経験：I *have* once *been* to Australia.

現在までの経験：私はかつてオーストラリアに行ったことがある。

継続：We *have been* good friends since then.

現在までの状態の継続：私たちはそのとき以来，よい友だちです。

押さえておきたい6題

空所に最も適切なものを選んで入れよ。

1 The game those students are playing now ⬚ exciting.

    ① look   ② looks   ③ are looking   ④ look at

(神奈川県立高)

2 My father ⬚ Tokyo last week.

    ① goes   ② visits   ③ went   ④ visited

(栃木県立高)

3 ⬚ Emily late for the meeting yesterday?

    ① Is   ② Was   ③ Did   ④ Does

(栃木県立高)

4 When I went to the park last Sunday, there ⬚ any children there.

    ① isn't   ② wasn't   ③ aren't   ④ weren't

(沖縄県立高)

5 My sisters and I ⬚ visit our grandfather next week.

    ① am going to   ② are going to
    ③ will be   ④ will have

(阪南大)

6 A: You look sad, don't you?
   B: Yes, I ⬚ him for a long time.

    ① haven't seen   ② could see
    ③ saw   ④ don't see

(高知学芸高校)

1 ②

▶ この文の主語は The game です。game の後に関係代名詞が省略されていて，those students 〜 now は The game を修飾しています。look は単独で「〜のようだ」という意味になり，この意味では進行形になりません。よって，3 人称単数現在の ② **looks** が正解となります。

和訳 あの学生たちが今やっているゲームはおもしろそうだ。

2 ④

▶ **目的語を持つ他動詞**と**目的語を持たない自動詞**の区別も非常に重要です。この問題では，空所直後に名詞 Tokyo があり，他動詞 visit が求められますが，文末の last week という過去を表す副詞句から，過去形の ④ **visited** が正解になります。

和訳 私の父は先週，東京を訪れた。

3 ②

▶ be 動詞と一般動詞の区別を再確認しましょう。この文では，主語 Emily の後に補語となる形容詞 late があるので，〈S + V + C〉の**第 2 文型**で，be 動詞の疑問文です。文末の副詞 yesterday から過去時制だとわかり，正解は ② **Was** となります。

和訳 エミリーは昨日，会議に遅れましたか？

4 ④

▶ **人や物の存在**を表す〈There + be〉の構文では，be 動詞は後続する名詞の数に一致しますので，この問題では，any children に合わせて複数形が求められます。last Sunday「前の日曜日」から過去時制だとわかり，④ **weren't** が正解となります。

和訳 前の日曜日に私が公園に行ったとき，そこに子供はだれもいませんでした。

5 ②

▶ **be going to *do*** で「**do するつもりである，do する予定である**」という**未来の表現**になります。この文の主語は My sisters and I なので，be 動詞には複数形が求められ，② **are going to** が正解になります。③，④はそれぞれ be と have が原形の visit とつながりません。

和訳 私の姉妹と私は来週，祖父を訪ねる予定です。

6 ①

▶ **現在完了形の否定**は have not Vpp で，have の直後に not などの否定語が置かれます。なおこの問題では，for a long time「長い間」という表現があることから，「**継続**」を表す現在完了形だと判断します。よって，① **haven't seen** が正解です。

和訳 A：悲しそうな様子ですね？　B：そうなんです。彼に長いこと会っていなくて。

1〜12：空所に最も適切なものを選んで入れよ。

1 He is in France now but he never ⬚ to his girlfriend.

① write　　② writes　　③ writing　　④ written

（慶應義塾志木高校）

2 My mother ⬚ breakfast before I go to school every morning.

① cook　　② cooks　　③ cooking　　④ cooked

（沖縄県立高）

3 What do you ⬚ this food in English?

① talk　　② say　　③ speak　　④ call

（栃木県立高）

4 Please ⬚ me something about your new school life.

① name　　② tell　　③ give to　　④ speak to

（函館ラ・サール高校）

5 From these stations on the moon, humans will be able to ⬚ Mars or other planets.

① stay　　② visit　　③ come　　④ walk

（函館ラ・サール高校）

1 ②

▶ 一般動詞が現在時制で用いられる場合に，**主語が3人称単数ならば動詞に -s をつ
ける必要があります。**ここでは文の主語が he であり，また先行する He is in France
now から現在時制だとわかるので，② writes が正解となります。

和訳 彼は今，フランスにいるが，ガールフレンドには決して手紙を書かない。

2 ②

▶ 毎日行うことのような**日常の習慣的行動については，現在時制を用いて表現しま
す。**この問題では every morning「毎朝」という表現があることから日常の習慣だ
と判断し，現在時制を選びますが，主語が My mother で3人称単数であるため，-s
のついた ② cooks が正解となります。

和訳 私の母は毎朝私が学校に行く前に朝食を作ってくれます。

3 ④

▶ 〈S + V + O + C〉のパターンをとる動詞を**第5文型動詞**といいますが，①～④の中
で第5文型動詞で用いられるのは ④ call だけです。〈call + O + C〉で「O を C と呼
ぶ」という意味となります。なお，この文では C に相当する語が疑問詞の What で
文頭に置かれています。

和訳 この食べ物を英語で何と呼びますか？

4 ②

▶ 空所の後に2つの代名詞 me と something が続いていることに着目します。〈S +
V + O₁ + O₂〉の**第4文型動詞**が必要になりますので〈tell + O₁ + O₂〉で「O₁ に O₂ を
伝える，教える」という意味の ② tell が正解となります。

和訳 あなたの新しい学校生活について何か私に教えてください。

5 ②

▶ 空所直後に名詞 Mars「火星」があることから，必要な動詞は**目的語をとる他動詞で**
あると判断して ② visit を選びます。① stay「滞在する」，③ come「来る」，④ walk
「歩く」はいずれも自動詞で，名詞を後続させるには前置詞が必要です。

語句 station 图「基地」，planet 图「惑星」

和訳 月面上のこれらの基地から，人類は火星やほかの惑星を訪れることができるだろう。

6 My grandfather always said that time ☐ money.

    ① was   ② are   ③ will be   ④ is

（名城大）

7 Can you see the birds in the sky? One of them ☐ flying very high!!

    ① is   ② are   ③ do   ④ does

（沖縄県立高）

8 A: Who carried this map to the classroom?
B: ☐ .

    ① He was Ryota   ② Ryota has
    ③ Ryota was   ④ Ryota did

（岩手県立高）

9 ☐ a car when you were living in London?

    ① Had you had   ② Were you having
    ③ Have you had   ④ Did you have

（久留米大学附設高校）

10 Tomorrow is the last day of your stay. What time will you ☐ Akita for Tokyo?

    ① begin   ② go   ③ leave   ④ get

（秋田県立高）

6 ④

▶ 不変の真理などと同様に，**格言・ことわざなどは時制の一致の例外**で，いつどの時点でも成立する事実と考えられるため，**常に現在時制**で表現されます。したがって，主動詞の said に合わせて過去時制の ① was にするのではなく，現在時制の ④ is が正解になります。

和訳 私の祖父はいつも，時は金なりと言っていました。

7 ①

▶ 空所直後に flying があることから，〈be動詞＋現在分詞〉の**現在進行形**であると考えます。この問題では，文の主語は One of them「そのうちの 1 羽」なので動詞には単数形が求められ，① is が正解となります。なお，文末の high は形容詞ではなく，副詞で「高く」の意味で用いられていることにも注意しておきましょう。

和訳 空に鳥が見えますか？ そのうちの 1 羽がとても高く飛んでいますね！

8 ④

▶ 会話などの応答では，相手の発した文で用いられた動詞をそのまま用いるのではなく，それに相当する代わりの動詞（**代動詞**）が用いられることがよくあります。ここでは，A の発言に carried という一般動詞の過去形があるので，B の応答では be動詞ではなく，一般動詞の過去時制が必要で，④ Ryota did が正解です。

和訳 A：だれがこの地図を教室に持ってきましたか？ B：リョータです。

9 ④

▶ この問題では，when 以下で「ロンドンに住んでいたとき」という**過去の期間が示されているので，過去時制**が必要となります。よって ④ Did you have が正解。③は現在完了形で現在時制なので，when 以下の過去の内容とはつながりません。˟He has gone to London two years ago. なお，「所有している」という意味の have は進行形にできないので②は誤り。

和訳 ロンドンに住んでいたとき，あなたは車を持っていましたか？

10 ③

▶ 動詞には自動詞と他動詞の区別があるだけでなく，それぞれがどのようなパターンをとるかの違いがあります。この問題では，空所直後に目的語となる Akita があり，さらにその後ろに for Tokyo「東京に向けて」という表現があるため，leave *A* for *B*「A を離れ B に向かう」のパターンをとる ③ leave が正解になります。

和訳 明日があなたの滞在の最終日ですね。何時に秋田から東京に向かいますか？

11 My sister has been in London ▢ the end of May.

① for ② during ③ at ④ since

（駿台甲府高校）

12 Her aunt has ▢ for five years.

① been dead ② died ③ dying ④ death

（函館ラ・サール高校）

13〜15：与えられた語句を並べ替えて，文を完成させよ。

13 That ▢ ▢ ▢ ▢ ▢ .

① made ② happy ③ us ④ very ⑤ news

（秋田県立高）

14 その経験から，私は人生がいかに難しいものになりうるかを学びました。

▢ ▢ ▢ ▢ ▢ ▢ ▢ be.

① could ② hard ③ how ④ life
⑤ me ⑥ the experience ⑦ taught

（武庫川女子大）

15 A: ▢ ▢ ▢ ▢ ▢ Tokyo?
B: No, this is my first time to visit Tokyo.

① ever ② been ③ you ④ have ⑤ to

（富山県立高）

11 ④

▶ has been という形があるので，現在完了形であることがわかりますが，④ since を入れれば，since the end of May「5月末以来」という意味となり，「**継続**」の意味の文が完成します。③ at を選ぶと「5月末に」という特定の時点を示してしまうので，現在完了形と結びつかなくなります。

和訳 私の妹［姉］は5月末以来ロンドンにいます。

12 ①

▶ for five years「5年間」という表現があるので，特定の時点ではなく**期間を意味する表現**にする必要があり，現在完了形の ① been dead が適切となります。dead は形容詞で，has been dead で文字どおりには「死んでしまった状態が続いている」という意味になります。なお，② died で has died とすると，「完了・結果」の「（ちょうど）死んでしまった」という意味となり，期間の表現と矛盾します。

和訳 彼女のおばが死んで5年になる。

13 ⑤①③④② <u>That news made us very happy</u>.
S V O C

▶ 動詞 make は〈**make＋O＋C**〉で「**O を C にする**」という意味を表す**第5文型**のパターンで用いることができるので，made us happy（①③②）「私たちを幸せにした」という基本形をまず作ります。文頭の That の後に ⑤ news を置いて主語とし，補語（C）の happy を副詞 ④ very で修飾させれば完成です。

和訳 その知らせは私たちをたいへん喜ばせた。

14 ⑥⑦⑤③②④① <u>The experience taught me how hard life could be</u>.
S V O₁ O₂

▶「経験から…（を）学びました」は「経験が教えてくれた」と考え，まず，主語として ⑥ the experience を文頭に置き，〈S＋V＋O₁＋O₂〉の**第4文型動詞** teach の過去形 ⑦ taught をつなげます。次に，O₁ として ⑤ me を続け，O₂ には〈how＋形容詞＋S＋V〉「S はどれほど〜であるか」を考え，③②で how hard とし，S に ④ life，V には助動詞 ① could を置いて，文末の be に続けます。

15 ④③①②⑤ <u>Have you ever been to Tokyo?</u>
(V) S V

▶ 疑問文であることがわかるので，④－③－②で Have you been として現在完了の疑問文の基本形を作り，⑤ to (Tokyo?) を続けると考えます。副詞 ① ever は過去分詞形の前に置かれるので，② been の前に配置して完成させます。

和訳 A：あなたは今までに東京へ行ったことがありますか？
　　　B：いいえ。私が東京を訪れるのはこれが初めてです。

2 助動詞・仮定法

　この章ではまず，助動詞の基本的意味と用法をマスターしましょう。さらに，現実の出来事とは異なる仮想について語るための表現形式である仮定法の基本形を確認します。仮定法では助動詞の過去形が用いられることをしっかり意識しましょう。

☑Check 1 助動詞の基本的意味

次の文の空所に最も適切なものを選んで入れよ。

You may go out tonight, but you ☐ come home by nine o'clock.

① must ② may ③ can ④ will （九州国際大）

正解 ①

解説 まず，may go out で「出かけてもよい」という**許可**を与えていて，その後に逆接の but があるので，① must で「家に帰らなければならない」という**義務**の意味を続けると文意が成立します。

和訳 今夜は出かけてもいいですが，9 時までには帰宅しなければいけません。

■ can・may・must の基本的意味

	根源的用法	認識的用法
can	能力：～できる	可能性・推量：～でありうる
may	許可：～してもよい	可能性・推量：～かもしれない
must	義務・必要：～しなければならない	推量：～にちがいない

☑Check 2 have to *do* の否定

次の文の空所に最も適切なものを選んで入れよ。

A: Must I stay here?

B: No, you don't ☐.

① must ② have to ③ go there ④ live here （高知学芸高校）

正解 ②

解説 「ここにいなければいけませんか？」という問いに対して「その必要はないです」と B が答えている場面。have to *do* 「*do* しなければならない」の否定形 **don't have to *do*** は「*do* する必要はない」です。① must は助動詞なので，don't を用いての否定はできず，must not *do* になりますが，その意味は「*do* してはいけない」（**禁止**）です。

和訳 A：ここにいなければいけませんか？　B：いいえ，その必要はありません。

 助動詞はそれぞれの持つ基本的意味だけではなく，〈助動詞＋have Vpp（動詞の過去分詞）〉などのような過去時制との関連での出題が多く見られます。また，仮定法では，仮定法過去と仮定法過去完了の基本的な区別がよく出題されます。

■ must・have to の否定

	肯定	否定
must	義務・必要：You *must* do it. それをやりなさい。	禁止：You *mustn't* do it. それをやってはいけない。
have to	義務・必要：You *have to* do it. それをやらなければいけない。	不必要：You *don't have to* do it. それをやる必要はない。 = You needn't do it. = You don't need to do it.

☑Check **3** 仮定法過去

> 次の文の空所に最も適切なものを選んで入れよ。
>
> I like this coat. ☐☐☐☐ it if it weren't so expensive.
>
> ① I'll buy　② I would buy　③ I bought　④ I had bought　（広島修道大）

正解 ②

解説 「もし（今）〜ならば，…だろう（に）」という現在の事実と異なる仮定を述べるには**仮定法過去**を用います。仮定法過去では，条件節で動詞の過去形を用い，帰結節で〈助動詞の過去形＋原形動詞〉を用います。

和訳 私はこの上着が気に入っている。そんなに高くなければ，それを買うだろうに。

■ 仮定法の基本形

仮定法過去：「もし（今）〜なら，…だろう（に）」

If S＋V（過去形）〜, S＋助動詞の過去形＋V（原形）…

　　条件節 現在の事実に反する仮定 帰結節 現在の事実に反する推量

If I **were** you, I **would join** the team.　私が君なら，チームに加わるだろうに。

※条件節の be 動詞は were がふつうです。

仮定法過去完了：「もし（あのとき）〜だったら，…だっただろう（に）」

If S＋had Vpp 〜, S＋助動詞の過去形＋have Vpp …

　　条件節 過去の事実に反する仮定 帰結節 過去の事実に反する推量

If I **had known** her address, I **could have sent** her an e-mail.

彼女のアドレスを知っていたら，メールを送れたのに。

19

空所に最も適切なものを選んで入れよ。

1 A: Were you ☐ to eat *natto*?
B: Yes, I liked it.

① could   ② enjoyed   ③ able   ④ fond

（高知学芸高校）

2 A: ☐ I close the window for you?
B: Yes, please.

① Shall   ② Could   ③ Would   ④ Won't

（高知学芸高校）

3 A: I'm sure it's going to rain tomorrow.
B: You ☐ be more optimistic.

① mustn't   ② never   ③ should   ④ won't

（共立女子大）

4 A: Bye, Mom. I'm going to play soccer with my friends.
B: Wait a minute! You ☐ do your housework first.

① don't need to   ② have to
③ would like to   ④ will be able to

（明治大学付属中野高校）

5 There's nothing particular I need to do, so I ☐ just stay at home.

① may   ② can't   ③ must   ④ couldn't

（北海学園大）

6 If I ☐ harder, I could have won the tennis match.

① had practiced   ② have practiced
③ practice   ④ practiced

（愛知学院大）

1 ③
▶ 空所の直後の to に着目します。**be able to _do_** で「_do_ できる」という助動詞 can と同様の意味になるので，③ **able** が正解。① could は助動詞なので，後ろには動詞の原形が必要。④ fond は〈be fond of ＋名詞／動名詞〉で「〜が好きだ」の意味。
[和訳] A：あなたは納豆を食べることができましたか？　B：はい，私はそれが気に入りました。

2 ①
▶ A の問いに対して，B が「お願いします」と答えていることに着目すると，Shall I 〜? で「〜しましょうか」という提案が適切なので，① **Shall** が正解。②の Could I 〜? は「（私が）〜してもよいですか？」と許可を求める意味となります。
[和訳] A：窓を閉めましょうか？　B：はい，お願いします。

3 ③
▶「きっと雨が降るだろう」に対する応答として，① mustn't は「〜してはいけない」で「禁止」，④ won't は「〜しないだろう」の「推測」なので，不自然。③ **should** が「〜すべき」という意味で文脈に合致します。　[語句] optimistic [形]「楽観的な」
[和訳] A：明日はきっと雨が降るだろう。　B：君はもっと楽観的になるべきだよ。

4 ②
▶ ①「_do_ する必要はない」，②「_do_ しなければならない」，③「_do_ したい」，④「_do_ できるだろう」なので，これからサッカーをするという子供への発言としては ② **have to** が適切。
[和訳] A：じゃあね，お母さん。友だちとサッカーをするつもりなんだ。
　　　 B：ちょっと待ちなさい！　先に家の仕事をやらないといけません。

5 ①
▶「やる必要のあることは特にない」という文脈から，① **may**「（家にいる）かもしれない」が適切。② can't は「（家にい）られない」，③ must は「（家にい）なければならない」，④ couldn't は過去なので不適切です。　[語句] particular [形]「特定の」
[和訳] 私はやる必要のあることは特にないので，ただ家にいるかもしれません。

6 ①
▶ カンマの後が could have won ...〈**助動詞の過去形＋have Vpp**〉となっているので，過去に実現しなかったことを仮定する**仮定法過去完了**を用いればよいと考え，〈**had ＋Vpp**〉の ① **had practiced** を選べば正解です。
[和訳] もしもっと懸命に練習していたら，テニスの試合に勝てただろうに。

差がつく10題

1〜7：空所に最も適切なものを選んで入れよ。

1 Your brother [　　　] be very tired because he studied for the test till late last night.

① must   ② can't   ③ will   ④ had better

（函館ラ・サール高校）

2 I remember you. You [　　　] to go to school here.

① use   ② were used   ③ using   ④ used

（久留米大学附設高校）

3 She often tells a secret to her friends. You had [　　　] tell it to her.

① better not   ② better   ③ not to   ④ to

（愛光高校）

4 What time [　　　] you like me to pick you up at the airport?

① would   ② must   ③ should   ④ can

（明治大学付属中野高校）

5 You [　　　] hungry already! You just ate a big lunch.

① must not be   ② might not be
③ could have been   ④ can't be

（帝京大）

1 ①
▶ 助動詞 must には「〜しなければいけない」という意味以外に，「〜にちがいない」という意味もあり，because 以下との意味上の整合性から，① must が正解です。なお，② can't の「〜であるはずがない」という可能性を否定する意味も要注意です。
和訳 あなたの兄[弟]は，昨夜遅くまでテスト勉強をしていたので，とても疲れているにちがいありません。

2 ④
▶ used to *do* で「以前は *do* した」という過去を回想する表現になります。なお，be used to *doing* だと「*do* するのに慣れている」という，異なる意味になるので，be動詞の有無と to の後ろが *do* か *doing* かをしっかり確認しましょう。
和訳 私はあなたを覚えています。以前，ここの学校に通っていましたね。

3 ①
▶ had better *do*「*do* したほうがよい」を否定し「*do* しないほうがよい」という意味にするには，had better not *do* と do の直前に否定語を置きます。よって，正解は ① better not になります。なお，have to *do* の否定は don't have to *do*「*do* する必要はない」で，×have not to *do* という形はないので注意しましょう。
和訳 彼女はよく秘密を友だちに話してしまうんだ。彼女にはそれを言わないほうがいいよ。

4 ①
▶ would like O to *do* で「O に *do* してもらいたい」という**願望**の意味を表します。よって，① would が正解です。目的語なしで would like to *do* では「*do* したい」という意味になります。こうした助動詞を含む慣用表現も重要です。
語句 pick up 熟「(車で) 迎えに行く」
和訳 あなたは私に何時に空港に(車で)迎えに来てほしいですか？

5 ④
▶ 2つ目の文で「あなたはお昼ごはんをたっぷり食べたばかりです」と言っているので，「お腹が空いているはずがない」という**可能性の否定**だと判断し，④ can't be を選択します。① must not be では「空腹ではいけない」という禁止の意味になってしまいます。
和訳 あなたがもうお腹が空いているはずはありません。お昼ごはんをたっぷり食べたばかりですから。

6 I _____ often play catch with my father when I was a child.

    ① had   ② have   ③ would   ④ should

（名古屋学院大）

7 I should _____ to foreign countries when I was young.

    ① be traveling   ② travel   ③ traveled   ④ have traveled

（慶應義塾志木高校）

8～10：与えられた語句を並べ替えて，文を完成させよ。

8 お金に余裕があったら，新しいコンピューターを買ったのに。
If I had had some extra money, _____ _____ _____ _____
_____ _____ .

    ① I   ② have   ③ new computer
    ④ bought   ⑤ a   ⑥ would

（札幌学院大）

9 コンピューターがなければ私たちの暮らしはもっと不便でしょう。
_____ _____ _____ _____ _____ computers, our lives
would be much more inconvenient. （1語不要）

    ① it   ② not   ③ but   ④ were   ⑤ for   ⑥ if

（千葉工業大）

10 If somebody _____ this _____ _____ , I _____ very _____ .

    ① would be   ② room   ③ entered
    ④ surprised   ⑤ with a pet

（広島経済大）

6　③

▶ 助動詞 **would** には「(よく)〜したものだ」という**過去の(不規則な)習慣**の意味があるので，③ would が正解となります。① had，② have では，後続の原形動詞 play と結びつかず，また，④ should では過去の意味を表すことができないので，不適切です。

和訳 子供のころ，私はよく父とキャッチボールをしました。

7　④

▶ when I was young「私が若かったころ」という表現があるので，過去のことに関する記述だと判断します。**should have Vpp** で「〜すべきだった(のにしなかった)」という意味なので，④ **have traveled** を入れ，「私は旅行をすべきだった(のにしなかった)」という意味にすると文意が成立します。

和訳 若いころに，私は外国旅行をしておくべきだった。

8　①⑥②④⑤③　If I had had some extra money, I would have bought a new computer.

▶ 文頭の if 節で過去完了の had had が用いられていることから，**仮定法過去完了**を使うことを確認します。仮定法過去完了の帰結節は〈助動詞の過去形＋have Vpp〉ですから，主語① I に続き would have bought(⑥②④)を置き，それに目的語の a new computer(⑤③)を続けます。　語句 extra 形「余分の」

9　⑥①④②⑤　If it were not for computers, our lives would be much more inconvenient.〔不要語：③ but〕

▶ 仮定法過去の条件節で，「〜がなければ」という意味の **if it were not for 〜** という慣用表現が用いられます。また，if を省略した **Were it not for 〜** という倒置の形もあります。仮定法過去完了では，**If it had not been for 〜**(＝ **Had it not been for 〜**)が用いられます。　語句 inconvenient 形「不便な」

10　③, ②⑤, ①, ④　If somebody entered this room with a pet, I would be very surprised.

▶ 助動詞 would があるものの，選択肢には have が含まれていないので，**仮定法過去**を用いると判断します。① would be には be 動詞があるので，その補語になる④ surprised を very の後に続け，I would be very surprised「とても驚くだろう」を作ります。if 節の動詞には③ entered を置き，その目的語は② room だと判断します。

和訳 もしこの部屋にだれかがペットを連れて入ってきたら，私はとても驚くだろう。

3 受動態

英語では「〜される」という意味を表現するのに受動態という形式を用います。受動態は〈be動詞＋Vpp（動詞の過去分詞）〉という形をとりますが，本章では，この受動態の基本用法を正確に理解しましょう。

☑Check 1 受動態の基本形

次の文の空所に最も適切なものを選んで入れよ。
Yesterday I lost my cap, but it ☐ by someone this morning.
① will find ② was found ③ finds ④ found
（関西学院高等部）

正解 ②

解説 受動態の基本形は〈be動詞＋Vpp（動詞の過去分詞）〉です。find の過去分詞は found なので，② **was found** が正解になります。なお，この文の but 以下を能動態に直すと，someone found it this morning となります。

和訳 私は昨日帽子をなくしたが，それは今朝だれかによって見つけられた。

■ 受動態の作り方

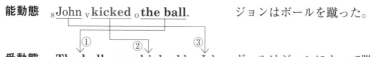

能動態 ₛJohn ᵥkicked ₒthe ball.　　ジョンはボールを蹴った。

受動態 ₛThe ball ᵥwas kicked by John.　ボールはジョンによって蹴られた。

①能動文の目的語(O)を主語の位置に移動する。
②動詞(V)を〈be動詞＋Vpp〉に変える。（be動詞は主語の数と時制で決める。）
③能動文の主語(S)に by をつけ，動作主として文末に配置する。

☑Check 2 動作主の示されない受動態

次の文の空所に最も適切なものを選んで入れよ。
Many languages ☐ in Australia.
① is spoken ② is speaking ③ are spoken ④ are speaking
（栃木県立高）

正解 ③

解説 文の主語が Many languages という複数形なので，be動詞の are の後に動詞 speak の Vpp（過去分詞）を置き，受動態の文を作ります。よって，③ **are spoken** が正解です。この文では動作主を示す〈by＋名詞〉が省略されています。

和訳 オーストラリアでは多くの言語が話されています。

■ **動作主の省略：** 受動態の文では, 漠然と「一般の人々」などを表す場合には動作主の〈by ＋名詞〉は省略されます。そのような受動態を能動態に直す場合には, 主語は they や people となります。

　　受動態：Many languages *are spoken* in Australia.

　　能動態：**They**（＝ **People**）*speak* many languages in Australia.

☑Check 3 感情・心理を表す受動態

次の文の空所に最も適切なものを選んで入れよ。

Tom was _____ to know the news.

① surprising 　② surprise 　③ surprised 　④ to surprise 　　（東海高校）

正解 ③

解説 surprise は「〜を驚かせる」という意味で目的語をとる他動詞です。主語になる人が「驚く」という意味にするには, 受動態にする必要があるので, ③ **surprised** が正解になります。

和訳 トムはその知らせを知って驚いた。

■ **代表的な感情・心理の他動詞：** 受動態で人の感情変化・心理状態を示します。以下では英語で受動態なのに, 日本語では受動態ではないことに注意しましょう。

　Children **were amused** *at* the story.　子供たちは物語をおもしろがった。

　　amuse 他「〜をおもしろがらせる」

　He **was disappointed** *with* his team's loss.　彼はチームの敗戦に落胆した。

　　disappoint 他「〜をがっかりさせる」

　She **was excited** *at* the idea.　彼女はその考えにわくわくした。

　　excite 他「〜を興奮させる」

　Jane **was pleased** *with* the result.　ジェーンは結果に満足した。

　　please 他「〜を喜ばせる，（非常に）満足させる」

押さえておきたい6題

空所に最も適切なものを選んで入れよ。

1 This building ⬚ about 30 years ago.

   ① is built   ② is building   ③ was building   ④ was built

（高知学芸高校）

2 This machine ⬚ by many people in the future.

   ① will be used   ② use   ③ uses   ④ is using

（神奈川県立高）

3 ⬚ by your grandfather?

   ① Did the pictures take   ② Were the pictures taken
   ③ Were the pictures taking   ④ Had the pictures taken

（法政大学第二高校・改）

4 Do you know when Jack ⬚ ?

   ① born   ② is born   ③ was born   ④ had been born

（実践学園高校）

5 Lunch is ⬚ now.

   ① preparing   ② being preparing
   ③ being prepared   ④ been prepared

（久留米大学附設高校）

6 My homework ⬚ yet.

   ① has not been typed   ② has not typed
   ③ has not had typed   ④ has been not typed

（松山大）

1　④

▶ 主語の This building「この建物」と動詞 build「～を建てる」の関係から受け身の「～建てられる」の意味が適切であり，about 30 years ago「およそ30年前」から過去時制と判断し，④ **was built** を選びます。

和訳 この建物は約30年前に建てられた。

2　①

▶ 受動態の基本形は〈be動詞＋Vpp〉ですが，その**前に助動詞がある場合には be動詞は原形**になるので，① **will be used** が正解です。なお，この問題では空所直後が動作主を表す〈by＋名詞〉になっていて，動詞 use の目的語がなく能動文にはできないので，②～④はいずれも不適切です。

和訳 この機械は将来多くの人々に使われるでしょう。

3　②

▶ 受動態の疑問文は，ふつうの be動詞の疑問文と同様に，**主語の前に be動詞を置き**，〈be＋S＋Vpp ～?〉の形とします。よって，② **Were the pictures taken** が正解です。④は過去完了の疑問文の形なので，文意が成立しません。

和訳 写真はあなたのおじいさんによって撮られましたか？

4　③

▶「生まれる」を表すには **be born** という受動態が用いられます。ここでは「いつ生まれたか」を尋ねることになるので，過去時制の ③ **was born** が正解です。

和訳 あなたはジャックがいつ生まれたか知っていますか？

5　③

▶ 動詞 prepare「～を準備する」は他動詞ですが，空所の後ろに目的語になる名詞がないことから，ここでは能動態の現在進行形ではなく受動態であると判断します。**受動態の進行形は be being Vpp** となるので，③ **being prepared** が正解です。

和訳 昼食は今準備されているところです。

6　①

▶ 動詞 type「～をタイプする」の目的語が直後にないので，受動態だとわかります。**受動態の完了形は have been Vpp** という形で，その否定は have not been Vpp となるので，① **has not been typed** が正解です。④は not の位置が誤りです。

語句 type 他「～をタイプする，キーボードで打ち込む」

和訳 私の宿題はまだタイプされていません。

差がつく 10 題

1〜8：空所に最も適切なものを選んで入れよ。

1 Ken was [ ] an American girl at the restaurant.

① spoken by ② spoken to ③ spoken by to ④ spoken to by

（函館ラ・サール高校）

2 The boy was made [ ] the storage room.

① clean up ② to clean up
③ to be cleaned up ④ cleaning up

（名城大）

3 My dog was [ ] a next-door neighbor while I was out.

① taken care ② taken care of
③ taken care by ④ taken care of by

（中央大学杉並高校）

4 A number of passengers [ ] in the railway accident.

① has injured ② were injured ③ injured ④ was injured

（拓殖大）

5 His name is [ ] everybody in our school.

① known by ② known to ③ known as ④ known for

（大阪教育大学附属高校平野校舎）

1　④
▶ speak は自動詞の場合，前置詞 to を後続させ，**speak to ～**「～に話しかける」という意味になります。この問題では，speak to ～ を受動態にするため **be spoken to** という形になり，動作主を表す〈by + 名詞〉がその後に続く ④ **spoken to by** が正解。
和訳 ケンはレストランでアメリカ人の少女に話しかけられた。

2　②
▶〈**made + O + do**〉で「～に do させる」という**使役**の意味になりますが，それを受動態にする場合には，*be made do ではなく，**be made to do** で to 不定詞が用いられます。よって，② **to clean up** が正解です。　語句 storage 图「貯蔵，保管」
和訳 その少年は保管室の片付けをさせられた。

3　④
▶ **take care of ～**「～の世話をする」を受動態にすると **be taken care of** となります。よって ④ **taken care of by** が正解です。前置詞 of の目的語は文の主語 my dog なので，前置詞 of と by が連続しますが，間違いではありません。
和訳 私が外出している間，私の犬は隣の家の人に世話をされた。

4　②
▶ 動詞 injure「～を傷つける，～にけがをさせる」は目的語をとる他動詞で，けがをした人が主語の場合には受動態にします。したがって，能動態の①と③は明らかに間違いで，正解は②か④ですが，この問題では主語が A number of passengers「多くの乗客」なので，be 動詞が複数形である ② **were injured** が正解です。
和訳 その鉄道事故で多くの乗客が負傷した。

差がつくポイント　be known + 前置詞

5　②
▶ 動詞 know の受動態は，後続の前置詞に注意が必要です。ここでは，後ろの **everybody** から，**be known to ～** で「～に知られている」の②が正解です。
和訳 彼の名前は私たちの学校の皆に知られている。
☐ **She *is known* as an actress.**　彼女は女優として知られている。
☐ **The temple *is known* for its rock garden.**　その寺は石庭で知られている。
☐ **A tree *is known* by its fruit.**　果実を見れば木のよしあしがわかる。

6 She was caught [＿＿＿＿＿] a shower on her way home from school.

① by   ② with   ③ at   ④ in

（中京大）

7 I [＿＿＿＿＿] at the airport.

① was stolen my passport   ② was my passport stolen
③ had stolen my passport   ④ had my passport stolen

（慶應義塾志木高校）

8 Nancy [＿＿＿＿＿] the building yesterday.

① is seen to have entered   ② was seen to enter
③ was seen enter   ④ was seen have entered

（慶應義塾志木高校）

9～10：与えられた語句を並べ替えて，文を完成させよ。

9 この絵はだれが描いたの？

[＿＿＿][＿＿＿][＿＿＿][＿＿＿][＿＿＿]?

① painted   ② this picture   ③ by   ④ was   ⑤ who

（ラ・サール高校）

10 Mobile phones [＿＿＿][＿＿＿][＿＿＿][＿＿＿][＿＿＿] for us all now.

① are   ② be   ③ believed   ④ necessary   ⑤ to

（愛知大）

6 ④

▶ 名詞 shower には「にわか雨(雪)」という意味があり，**be caught in a shower** で「**にわか雨にあう**」という意味になります。〈be＋Vpp〉なので**受動態**の形ですが，動作主の〈by＋名詞〉ではなく，前置詞が in になることに注意が必要です。

和訳 彼女は学校からの帰り道に，にわか雨にあった。

7 ④

▶ 動詞 steal は目的語を1つだけとる**第3文型動詞**（S＋V＋O）で，ˣsteal me my passport のような第4文型動詞（S＋V＋O_1＋O_2）としては用いることができないので，me を主語にした I was stolen my passport という①のような受動態は誤りです。ここでは〈have＋O＋*done*〉「O を do される」という**被害を表す受け身**の形を用いる必要があります。

和訳 私は空港でパスポートを盗まれた。

8 ②

▶〈see＋O＋*do*〉「O が do するのを見る」の知覚動詞のパターンを受け身にする場合は，ˣbe seen *do* ではなく，**be seen to *do*** というように to不定詞が必要になります。よって，② was seen to enter が正解になります。なお，この知覚動詞のパターンでは不定詞を完了形にはできないので，①は誤りです。

和訳 ナンシーは昨日，その建物に入るのを見られた。

9 ⑤④②①③ Who was this picture painted by?

▶ まず，be動詞の ④ was と過去分詞の ① painted があることから，受動態を考え，this picture was painted を想起しましょう。ここで，by の後ろに来るべき動作主が疑問詞の ⑤ who であることから，これを文頭に置いた疑問文にしなければならず，主語の this picture の前に ④ was を置く必要があります。

10 ①③⑤②④ Mobile phones are believed to be necessary for us all now.

▶〈believe＋O＋(to be) C〉で「O を C と信じる[考える]」という表現が解答のカギであることを見抜き，その受動態を作ります。O に相当する部分が文の主語 Mobile phones になっており，その後に are believed（①③）を続け，(to be) C の部分は to be necessary（⑤②④）とします。

和訳 携帯電話は今では私たち皆にとって必要だと考えられている。

4 不定詞

〈to＋do〉で表現される to 不定詞には，名詞用法・形容詞用法・副詞用法の３用法があります。本章ではこの３つの基本的な用法の違いをしっかりと理解し，きちんと区別できるようになりましょう。

☑Check 1 不定詞の名詞用法

次の文の空所に最も適切なものを選んで入れよ。

Goodbye! I hope ☐ you again soon.

① see　　② seeing　　③ seen　　④ to see　　　　　　（法政大学第二高校）

正解 ④

解説 他動詞 hope「〜を望む」は目的語に不定詞を置くことができますが，動名詞（*doing*）である ② seeing は目的語にできません。よって，④ **to see** が正解となります。

和訳 さようなら！　また近いうちにお会いしたいですね。

■ 不定詞の名詞用法

名詞用法の不定詞は，文中で主語（S）・補語（C）・目的語（O）のいずれにもなることができます。

$\underset{\text{S}}{\underline{\textit{\textbf{To keep promises}}}}$ $\underset{\text{V}}{\underline{\text{is}}}$ $\underset{\text{C}}{\underline{\text{important}}}$.　　約束を守ることは大切だ。

$\underset{\text{S}}{\underline{\text{What I can do}}}$ $\underset{\text{V}}{\underline{\text{is}}}$ $\underset{\text{C}}{\underline{\textit{\textbf{to keep promises}}}}$.　　私ができることは約束を守ることだ。

$\underset{\text{S}}{\underline{\text{I}}}$ $\underset{\text{V}}{\underline{\text{want}}}$ $\underset{\text{O}}{\underline{\text{you}}}$ $\underset{\text{C}}{\underline{\textit{\textbf{to go there}}}}$.　私はあなたにそこへ行ってもらいたい。

$\underset{\text{S}}{\underline{\text{He}}}$ $\underset{\text{V}}{\underline{\text{refused}}}$ $\underset{\text{O}}{\underline{\textit{\textbf{to go there}}}}$.　　彼はそこへ行くことを拒んだ。

☑Check 2 不定詞の形容詞用法

次の文の空所に最も適切なものを選んで入れよ。

I had a lot of work ☐ today.

① do　　② did　　③ doing　　④ to do　　　　　　（岩手県立高）

正解 ④

解説 空所の直前に名詞句 a lot of work があり，それを後ろから修飾することのできる形容詞用法の不定詞である ④ **to do** が正解になります。

和訳 私は今日はやらなければならない仕事がたくさんある。

不定詞は入試で最も頻繁に設問にされる項目です。名詞を後ろから修飾する形容詞用法のほか，不定詞の否定（not to *do*）や完了形（to have Vpp）などがよく出題されます。また，〈V+O+to *do*〉の構造を持つ動詞の語法も重要です。

■ 不定詞の形容詞用法：2つの用法

限定用法：後ろから前の名詞（句）を修飾します。

・I have *many books* **to read**.　私は読む本がたくさんある。

・He is *the last man* **to do that**.　彼はそんなことを最もしそうにない人だ。

・I have *a lot of friends* **to talk to**.　私には話ができる友だちがたくさんいる。

叙述用法：be 動詞や第 2 文型動詞などの補語（C）として機能します。

・He seems **to be very pleased**.　彼はとても喜んでいるようだ。
　S　V　　　　C

・She appeared **to be happy**.　彼女は幸せそうだった。
　S　　V　　　　C

✓ Check 3　不定詞の副詞用法

次の文の空所に最も適切なものを選んで入れよ。

Kazuo went to Australia 〔　　　　〕 English.

① study　　② studies　　③ studied　　④ to study　　　　　　（沖縄県立高）

正解 ④

解説 不定詞の ④ to study で「勉強するために」という目的を表すことができます。この不定詞は went to Australia という動詞句を修飾する副詞句として機能しています。

和訳 カズオは英語を勉強するためにオーストラリアへ行った。

■ 不定詞の副詞用法：いろいろな意味

目的：We went there **to see her**.　私たちは彼女に会うためにそこへ行った。

原因・理由：He was happy **to see her**.　彼女に会えて彼はうれしかった。

結果：My father lived **to be 100 years old**.　私の父は 100 歳まで生きた。

条件：**To talk with her**, you will find her quite attractive.
　　　彼女と話をすれば，彼女がとても魅力的だとわかるでしょう。

押さえておきたい6題

空所に最も適切なものを選んで入れよ。

1 It's very cold outside. Be careful ⬚ a cold.

    ① not catch   ② not to catch

    ③ not catching   ④ of not catching

（愛光高校）

2 Will you tell me how ⬚ to the station?

    ① get you   ② getting   ③ can get   ④ to get

（神奈川県立高）

3 Please tell ⬚ me today's paper.

    ① her to bring   ② her bring

    ③ to her bringing   ④ to her bring

（慶応義塾志木高校）

4 Do you want ⬚ with you or do you want to go alone?

    ① me to coming   ② me to come

    ③ that I come   ④ that I will come

（久留米大学付設高校）

5 Kate bought a bag ⬚ to her daughter.

    ① gave   ② given   ③ giving   ④ to give

（栃木県立高）

6 This hat is ⬚ for me to wear.

    ① as large   ② so large   ③ large enough   ④ very large

（函館ラ・サール高校）

1　②

▶ **be careful to** *do* で「*do* するように気をつける」という意味ですが，「*do* しないように気をつける」とするには不定詞を否定する必要があり，**not to** *do* と**不定詞の前に**否定語を置きます。よって ② **not to catch** が正解となります。

和訳 外はとても寒いです。風邪をひかないように気をつけてください。

2　④

▶ 疑問詞 how の後に to不定詞を続け，**how to** *do* で「*do* のしかた」という意味の名詞句になります。この問題では，名詞句 how to get to the station が〈tell＋O₁＋O₂〉「O₁ に O₂ を教える」の O₂ として機能しています。

和訳 駅までの行き方を私に教えてくれませんか？

3　①

▶ 動詞 tell には〈tell＋O＋to *do*〉で「O に *do* するように言う」という語法があり，この問題では，目的語の her の後ろに to bring が続く形にすれば，「彼女に持ってくるように言う」という意味になるので，① **her to bring** が正解です。

和訳 彼女に今日の新聞を私に持ってくるように言ってください。

4　②

▶ 動詞 want は〈want＋O＋to *do*〉で「O に *do* してもらいたい」という意味を表します。よって，② **me to come** が正解になります。want はふつう that 節を目的語にとらないので，③と④はいずれも不適切です。

和訳 あなたは私に一緒に来てほしいですか，それとも 1 人で行きたいですか？

5　④

▶ ④ **to give** を入れ，to give to her daughter が a bag を後ろから修飾する形容詞用法「〜するための」の不定詞にします。第 4 文型動詞の give が用いられていますが，修飾を受けている a bag が〈give＋O₁＋O₂〉「O₁ に O₂ を与える」の O₂ に相当することを確認しましょう。② given では「娘に与えられたバッグを買った」で意味的に不自然。

和訳 ケイトは娘にあげるためのバッグを買った。

6　③

▶〈形容詞＋enough to *do*〉で「*do* できるほど（十分な）〜」という意味を表します。この問題では，**不定詞の意味上の主語 for me** が示されており，large enough for me to wear で「私がかぶるのに十分なほど大きい」という意味になります。

和訳 この帽子は私がかぶるほどの大きさだ。

差がつく 15 題

1〜10：空所に最も適切なものを選んで入れよ。

1 It is too difficult ⬚ this problem.

① for me to solve   ② to solve me
③ for solving me   ④ to solve for me

（開成高校）

2 We need more time in order ⬚ the work.

① to completing   ② to be completed
③ to complete   ④ to had completed

（中部大）

3 My parents ⬚ me to read as many books as possible.

① advised   ② appeared   ③ bought   ④ made

（立教新座高校）

4 Please remember ⬚ a loaf of bread on your way home tomorrow.

① buy   ② buying   ③ bought   ④ to buy

（明治大学付属中野高校）

5 Since the ground was wet, she looked for something dry ⬚.

① to sit down   ② sitting on   ③ to sit on   ④ sitting down

（松山大）

1 ①

▶ 不定詞の意味上の主語は(1)一般の人々，(2)文脈から明白，(3)文の主語と一致，という場合はふつう示されませんが，意味上の主語を明示する必要がある場合には，**for ～** の形で不定詞の前に置きます。さらに **too ～ to do** で「～すぎて **do** できない」という表現があるので，① **for me to solve** が正解です。

和訳 この問題は難しすぎて私には解くことができない。

2 ③

▶ **in order to do** で「**do** するために」という目的を表します。本問では，空所後に complete「～を完了する」の目的語があるので，受動態の不定詞である②は不適切。

和訳 その仕事を終わらせるためには，私たちにはもっと時間が必要です。

3 ①

▶ 空所の後ろが〈代名詞 me＋to不定詞〉になっていることに注目します。このパターンをとれるのはここでは ① **advised** だけで，〈**advise＋O＋to do**〉で「O に **do** するよう忠告する」という意味です。　語句 **as ～ as possible** 熟「できるだけ～」

和訳 私の両親は私にできるだけ本をたくさん読むように忠告しました。

4 ④

▶ 動詞 remember は to不定詞と動名詞（*do*ing）のどちらも目的語にできますが，意味が異なります。**remember to do** は「忘れずに **do** する」で，**remember** *do*ing は「**do** したことを覚えている」という意味です。本問では，tomorrow から未来の行動だとわかるので，to不定詞の ④ **to buy** が正解。　語句 loaf 名「（パンの）ひと塊」

和訳 明日，家に帰る途中に忘れずにパンを1斤買ってきてください。

差がつくポイント 不定詞の形容詞用法＋前置詞

5 ③

▶ **something dry**「何か乾いたもの」を修飾する形容詞用法の ③ **to sit on** が正解です。**something dry** が意味的には前置詞 **on** の目的語になります。

和訳 地面が濡れていたので，彼女は上に座れるための何か乾いたものを探した。

◎不定詞句内の前置詞によって意味が異なる場合があるので注意しましょう。

something to write *on* ＝その上に書く何か ⇒「紙」など
something to write *with* ＝それを使って書く何か ⇒「ペン」など
something to write *about* ＝それについて書く何か ⇒「話題」など

6 Sachi asked her father [   ] to the museum with her next Sunday.

    ① go   ② went   ③ going   ④ to go

（栃木県立高）

7 John is said to [   ] an excellent student in his high school days.

    ① have been   ② be   ③ had been   ④ being

（摂南大）

8 Some words might be very difficult [   ] in a dictionary.

    ① finding   ② to find   ③ being found   ④ to be found

（神奈川大）

9 A lot of people may feel it easy [   ] this question.

    ① answer   ② to answer   ③ answering   ④ for answering

（九州国際大）

10 It is [   ] of you to have prepared so carefully for your trip.

    ① ready   ② easy   ③ difficult   ④ wise

（追手門学院大）

40

6 ④
▶ 文の述語動詞が asked であることを確認します。ask には〈ask＋O＋to *do*〉の用法があり，「O に do するよう頼む，求める」という意味を表します。よって ④ **to go** が正解になります。ask の目的語(O)が不定詞の意味上の主語となることに注意。
和訳 サチは父親に次の日曜日に一緒に美術館に行ってくれるよう頼んだ。

7 ①
▶ **不定詞の完了形**は to have Vpp の形をとります。**S is said to have Vpp** で「S は V だったと言われている」という意味が成立するので，① **have been** が正解です。この文は形式主語の it と that 節を用いて ***It is said that*** John *was* an excellent student .... のように書き換えられます。that 節中の動詞が過去時制であることに注意。
和訳 ジョンは高校生時代，優秀な生徒だったと言われている。

8 ②
▶ difficult や easy など難易を表す形容詞を用いて〈S is＋形容詞＋to *do*〉で「S は do するのに…だ」という意味を表すことができます。この構文では文の主語が不定詞の意味上の目的語になることが重要です。この問題では，主語の Some words が不定詞の目的語になるので，② **to find** が正解です。この文は，It might be very difficult **to find some words** .... で It を形式主語にして表現できます。④ to be found は受け身の不定詞で目的語を持てなくなるので不適切です。
和訳 いくつかの単語は辞書で見つけるのが非常に難しいかもしれません。

9 ②
▶〈feel＋O＋(to be) C〉で「O を C と思う」という意味になりますが，ここでは，形式目的語の it を O に置き，それが名詞用法の不定詞を指していると考えます。よって，② **to answer** が正解になります。
和訳 多くの人々がこの質問に答えるのを簡単だと思うかもしれません。

10 ④
▶ 空所後の of you に着目します。for you ではないので，「**人の性質**」を意味する形容詞である ④ **wise**「賢明な」を選択します。この文は，**You are wise** to have prepared .... と書き換えることができます。なお，② easy や ③ difficult では不定詞の意味上の主語は for 〜 で示されます。 語句 prepare 自 他「(〜の) 準備をする」
和訳 そんなに入念に旅行の準備をしておいたなんて，あなたも賢明ですね。

11~15：与えられた語句を並べ替えて，文を完成させよ。

11 世界では 10 億人以上の人々がきれいな飲み水を手に入れられない。
In the world, [　　] [　　] [　　] [　　] [　　] [　　]
[　　] [　　] [　　] .

① one billion　② to　③ have　④ than　⑤ don't
⑥ more　⑦ clean water　⑧ people　⑨ drink

（早稲田大学系属早稲田実業学校高等部）

12 濃霧のせいで，目の前が何も見えませんでした。
The heavy fog [　　] [　　] [　　] for us [　　] [　　]
[　　] in front of us.

① anything　② it　③ to
④ see　⑤ impossible　⑥ made

（慶應義塾志木高校）

13 東京はアジアで初めて 2 度目のオリンピックを開催する都市となるだろう。
Tokyo will be [　　] [　　] [　　] [　　] [　　] [　　]
[　　] twice.

① hold　② city　③ the　④ Asian
⑤ the Olympics　⑥ first　⑦ to

（明治大学付属中野高校）

14 George thought it [　　] [　　] [　　] [　　] [　　]
[　　] [　　] just cotton.

① stop　② was　③ growing　④ time
⑤ to　⑥ for　⑦ farmers of the South

（東京工業大学附属科学技術高等学校）

15 アリスは目を覚ましてみるとすべてが夢だったことに気がついた。
Alice [　　] [　　] [　　] [　　] [　　] [　　] [　　]
[　　] .

① everything　② had　③ find　④ woke up
⑤ to　⑥ a　⑦ been　⑧ dream

（麗澤大）

11 ⑥④①⑧⑤③⑦②⑨　In the world, <u>more than one billion people</u>
_S
<u>don't have</u> <u>clean water</u> to drink.
_V   _O

▶ one billion people（①⑧）の前に more than（⑥④）を置き，主語を完成させます。次に don't have clean water（⑤③⑦）で VO の述部を構成し，その後に clean water を修飾する形容詞用法の不定詞 to drink（②⑨）「飲むための」を配置して完成です。
語句 billion 名「10 億」 *cf.* million 名「100 万」，trillion 名「1 兆」

12 ⑥②⑤, ③④①　<u>The heavy fog</u> <u>made</u> <u>it</u> <u>impossible</u> <u>for us to see</u>
_S _V _O   _C   _(O)
<u>anything</u> in front of us.

▶〈make＋O＋C〉で「O を C にする」という**第 5 文型**の形がありますが，ここでは O に形式目的語の it を置き made it impossible（⑥②⑤）とし，it がこの後に続く不定詞句 to see anything（③④①）を指す形にします。for us は不定詞の意味上の主語として機能しています。

13 ③⑥④②⑦①⑤　<u>Tokyo</u> <u>will be</u> <u>the first Asian city to hold the Olympics</u>
_S _V   _C
<u>twice</u>.

▶ **the first 〜 to *do*** で「最初に do する［した］〜」という意味の表現を利用します。形容詞用法の不定詞句 to hold the Olympics（⑦①⑤）が the first Asian city（③⑥④②）を後ろから修飾することに注意しましょう。なお，**the last 〜 to *do***「最も do しそうにない〜」という表現も覚えておきましょう。　**語句** hold 他「〜を開催する」

14 ②④⑥⑦⑤①③　<u>George</u> <u>thought</u> <u>it</u> <u>was</u> <u>time</u> for farmers of the South
_S _V _{S'} _{V'} _{C'}
to stop growing just cotton.

▶ **it is time for 〜 to *do*** で「（そろそろ）〜が do してもよいころだ」という意味の表現を用います。原形動詞は ① stop しかないので，to stop growing（⑤①③）として「栽培するのをやめる」という不定詞句を作ります。　**語句** grow 他「〜を栽培する」
和訳 ジョージは南部の農民はもう綿花だけを栽培することはやめるべきころだと思った。

15 ④⑤③①②⑦⑥⑧　<u>Alice</u> <u>woke up</u> to find everything had been a
_S _V
dream.

▶ まず主語の Alice に述語動詞の ④ woke up を続け，その後に**結果を表す副詞用法の不定詞** to find（⑤③）を置きます。find は that 節を目的語にとりますが，ここは that が省略されていると考え，節の主語 ① everything に対して had been a dream（②⑦⑥⑧）という述部を続け完成です。that 節中は主節動詞 woke up が表す過去の時点より前のことなので，過去完了形（had been）となっています。

5 動名詞

動詞の -ing 形で「do すること」という意味を表すものを動名詞といいます。動名詞は動詞の性質を持ちながら名詞として機能するので，文中で主語・補語・目的語のいずれにもなります。本章では，この動名詞の基本的用法を定着させましょう。

☑ Check 1 主語になる動名詞

与えられた語句を並べ替えて，文を完成させよ。

☐☐☐☐☐ difficult for you.

① be　② this　③ will　④ computer　⑤ using　　　（青森県立高）

正解 ⑤②④③① Using this computer will be difficult for you.

解説 動詞 use の動名詞の ⑤ using に着目します。use 自体は他動詞なので目的語に this computer（②④）を後続させ，using this computer という動名詞句が文の主語になります。その後に will be（③①）を置き，完成です。

和訳 このコンピューターを使うことはあなたには難しいでしょう。

■ 主語になる動名詞

動名詞は名詞用法の不定詞と同様，文中で主語になることができます。

ₛ**Using** this computer will be difficult for you.

= ₛ**To use** this computer will be difficult for you.

同様に，文中で補語として機能することもあります。

Seeing is ₍c₎**believing**.　見ることは信じることである。（百聞は一見に如かず。）

= To see is ₍c₎**to believe**.

☑ Check 2 目的語になる動名詞

次の文の空所に最も適切なものを選んで入れよ。

I like ☐☐☐ a letter to my grandmother.

① written　② wrote　③ writing　④ write　　　（沖縄県立高）

正解 ③

解説 動詞 like は to不定詞だけでなく，動名詞 *doing* を目的語にして「**do するのが好き**」という意味を表すことができるので，③ writing が正解です。

和訳 私は祖母に手紙を書くのが好きです。

動詞の目的語になる動名詞が頻出項目で，特に finish などのように to不定詞を目的語にはせず，動名詞のみを目的語にする動詞に関する出題（p.46 押さえておきたい6題：2・3・4 参照）が多く見られます。また，前置詞の目的語として機能する動名詞（✓Check 2 参照）も要注意です。

■ 目的語になる動名詞

動詞の目的語になる動名詞も to不定詞での書き換えが可能です。

I like ₒ**reading** novels.　私は小説を読むことが好きです。

= I like ₒ**to read** novels.

動名詞は前置詞の目的語になることができますが，to不定詞は前置詞の目的語にはなりません。

Thank you *for* **helping me**.　助けてくれてありがとう。

ˣThank you *for* to help me.　※前置詞 for の後ろが不定詞なので文法的に誤り。

✓ Check 3　完了形の動名詞

次の文の空所に最も適切なものを選んで入れよ。

He admitted ☐ a serious mistake.

① make　　② having made　　③ being made　　④ having been made

（東京国際大）

正解 ②

解説 動詞 admit は admit *doing* で「do したことを認める」という意味を表します。この問題では，② having made という**完了形の動名詞**が適切です。③ being made は受動態の動名詞になっているため，後ろに目的語の a serious mistake を続けることはできません。

和訳 彼は重大な誤りを犯してしまったことを認めた。

■ 完了形の動名詞

完了形の動名詞は，**主動詞が示す時点よりも以前の時を示す**機能を果たします。

He **was** ashamed of ***having stolen*** the book. 彼は本を盗んだことを恥じていた。

= He **was** ashamed that he ***had stolen*** the book.

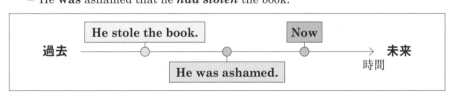

押さえておきたい6題

空所に最も適切なものを選んで入れよ。

1 My hobby is ▢ pictures of wild flowers.

   ① take   ② took   ③ taken   ④ taking

（大阪学院大）

2 Yuko enjoyed ▢ with her classmates.

   ① sing   ② sang   ③ singing   ④ to sing

（沖縄県立高）

3 You are making a fool of yourself. Stop ▢ unreasonable.

   ① be   ② to be   ③ have been   ④ being

（追手門学院大）

4 Have you finished ▢ the novel?

   ① to read   ② reading
   ③ to have read   ④ having read

（札幌大）

5 Kathy usually has breakfast after ▢ a shower.

   ① takes   ② she took   ③ taking   ④ she is taking

（広島工業大）

6 ▢ run fast is one thing you miss as you get older.

   ① Having to   ② Can   ③ Being able to   ④ Ought to

（摂南大）

46

1 ④

▶ 空所前が be 動詞 is で，空所後が名詞 pictures なので，目的語を持つ他動詞の**動名詞**を is の**補語**として入れればよく，④ **taking** が正解です。なお，選択肢にはありませんが，to不定詞を用いて，to take としても，不定詞の名詞用法として正しい文を作ることができます。

和訳 私の趣味は野花の写真を撮ることです。

2 ③

▶ 動詞 enjoy は動名詞を目的語にすることはできますが，to不定詞を目的語にすることはできません。よって，正解は ③ **singing** となります。enjoy *doing* で「do するのを楽しむ」という意味を表します。

和訳 ユウコはクラスメートと歌って楽しみました。

3 ④

▶ stop *doing* で「do するのをやめる」の意味になるので，④ **being** が正解です。stop は to不定詞を目的語にはできないので，② to be は不適切です。

語句 make a fool of *one*self 熟「ばかなことをして笑いものになる」
unreasonable 形「道理をわきまえない，分別のない」

和訳 あなたは笑いものになっていますよ。ばかげたことはやめなさい。

4 ②

▶ finish *doing* は「do し終える」の意味。**finish は動名詞を目的語にできますが**，to不定詞を目的語にすることはできません。よって，正解は，② **reading** となります。

和訳 君はその小説を読み終えましたか？

5 ③

▶ 空所の直前の after は前置詞あるいは接続詞として用いられる語ですが，この問題では**前置詞**と考え，**前置詞の目的語**としての ③ **taking** が適切です。after が接続詞であれば，②や④の可能性もありますが，② she took は過去時制，④ she is taking は現在進行形で，いずれも意味として不自然です。

和訳 キャシーはふだんシャワーを浴びた後に朝食を食べます。

6 ③

▶ 空所から fast までが is の主語となる名詞句になることを確認すると，動名詞が適切だと判断でき，be 動詞の動名詞を含む ③ **Being able to** が正解となります。なお，① Having to では，「～しなければならないこと」という意味になり，ここでは文意が不自然になります。

和訳 速く走れることは，年をとるにつれて(できないのを)寂しく思うことのひとつだ。

1〜8：空所に最も適切なものを選んで入れよ。

1 I appreciate ☐ time for us all.

① you take   ② you to take
③ your taking   ④ of your taking

（追手門学院大）

2 Shelly is busy ☐ cookies now.

① bake   ② baked   ③ baking   ④ to bake

（金沢工業大）

3 I am looking forward to ☐ on a trip to Canada.

① go   ② went   ③ gone   ④ going

（明治大学付属中野高校）

4 Do you feel like ☐ the old house?

① buy   ② to buy   ③ buying   ④ bought

（九州国際大）

5 My key was in my pocket, but I didn't remember ☐ it there.

① to put   ② putting   ③ put   ④ to be put

（久留米大学附設高校）

1 ③

▶ 動詞 appreciate「〜をありがたく思う」は動名詞を目的語にとりますが，この問題では，taking の前に**意味上の主語**があると考え，③ **your taking** が正解です。動名詞の意味上の主語が代名詞の場合，**所有格**や**目的格**で示されます。

和訳 私たち皆のために時間をかけてくださってありがとうございます。

2 ③

▶ **be busy** *doing* で「**do** するのに忙しい」という意味の表現になります。よって③ **baking** が正解です。なお，S is too busy to *do*「忙しすぎて do できない」であれば busy の後ろに to 不定詞が置かれます。 語句 bake 他「(パン・菓子など)を焼く」

和訳 シェリーは今クッキーを焼くのに忙しい。

3 ④

▶ **look forward to** *doing* で「**do** するのを楽しみに待つ」です。to が用いられていますが，この to は不定詞の to ではなく，動名詞を後続させる前置詞なので，×look forward to *do* は不可能です。 語句 go on a trip 熟「旅行に行く」

和訳 私はカナダに旅行に行くのを楽しみにしています。

4 ③

▶ **feel like** *doing* で「**do** したい気がする」という慣用表現を確認しましょう。like が動詞であれば，like to *do*，like *doing* のどちらもありますが，この表現の like は動詞ではなく前置詞なので，動名詞 *doing* が必要になります。

和訳 あなたはその古い家を買いたいという気がしていますか？

差がつくポイント remember to *do*, remember *doing*

5 ②

▶ 動詞 remember は，目的語に to 不定詞を置くか，動名詞を置くかで意味が変わります。本問では，**My key was in my pocket**「私の鍵はポケットに入っていた」という過去の場面設定から，**I didn't remember** *doing*「私は **do** したことを覚えていなかった」という意味が適切だと判断し，動名詞である② **putting** を選びます。一方，**remember to** *do* とすると「忘れずに **do** する」という意味になります。

和訳 私の鍵はポケットの中にあったが，そこに入れたことを私は覚えていなかった。

6 He can't get used [___] at night.

① working　　② to working　　③ work　　④ worked

（慶應義塾志木高校）

7 You'll probably have trouble [___] for a few weeks because of the noise of traffic or trains.

① sleep　　② slept　　③ to sleep　　④ sleeping

（大阪星光学院高校）

8 He was afraid of being scolded for not [___] done his homework.

① have　　② had　　③ having　　④ to have

（大阪学院大）

9〜10：与えられた語句を並べ替えて，文を完成させよ。

9 [___] [___] [___] [___] [___] her dream for many years.

① been　　② there　　③ has　　④ studying　　⑤ English

（千葉県立高）

10 Koji [___] [___] [___] [___] [___] [___] .

① helping　　② his homework　　③ with　　④ for
⑤ me　　⑥ him　　⑦ thanked

（青雲高校）

6 ②

▶ **get used to** *doing* で「do することに慣れる」という意味なので，② **to working** が正解となります。なお，**be used to** *doing* だと「do することに慣れている」という状態を表します。また，この表現は助動詞の **used to** *do*「かつては do した」と形が似ていますので，注意して区別する必要があります。

和訳 彼は夜に仕事をすることに慣れることができない。

7 ④

▶ **have trouble** *doing* で「do するのに苦労する」という意味を表す慣用表現があるので，④ **sleeping** が正解です。

語句 because of ~ 前「~が原因で」，traffic 名「(車などの) 往来，交通」

和訳 あなたは車や電車の騒音のせいでおそらく数週間は眠るのに苦労するでしょう。

8 ③

▶ **scold** *A* **for** *B* で「*B* のことで *A* を叱る」という意味です。ここでは，前置詞 for の目的語として**完了形の動名詞の否定形**を入れ，「宿題をしなかったこと」とすれば，文全体の意味が成立します。なお，being scolded は**受動態の動名詞**で，be afraid of ~「~を怖がっている」の目的語として機能しています。　語句 scold 他「~を叱る」

和訳 彼は宿題をやらなかったことで叱られるのを恐れていた。

9 ④⑤②③①　<u>Studying English there</u> <u>has been</u> her dream for many years.
　　　　　　　　　　　　　　S　　　　　　　　　V　　　C

▶ まず，④ studying を主語になる動名詞ととらえ，その目的語に ⑤ English を置き，副詞の ② there「そこで」を続け，主語 Studying English there (④⑤②) を作ります。その後ろに述部として現在完了の has been (③①) を続ければ完成です。there 構文と考えて there has been としてしまうと，④ studying，⑤ English を並べられなくなります。

和訳 そこで英語の勉強をすることが彼女の長年の夢だった。

10 ⑦⑤④①⑥③②　<u>Koji</u> <u>thanked</u> <u>me</u> for helping him with his homework.
　　　　　　　　　　　　S　　　V　　　O

▶ まず，**thank** *A* **for** *B* で「*B* のことで *A* に感謝する」という表現から，thanked me for (⑦⑤④) とします。for の後ろは名詞か動名詞を置くことができるので ① helping を選び，「手伝ってくれたことに感謝する」という文の全体構造を作ってしまいましょう。次に **help O with ~**「O の~を手伝う」という慣用表現を想起し，helping him with (①⑥③) を続けます。最後に with の目的語に ② his homework を置けば，正しい語順になります。

和訳 コウジは，彼の宿題を手伝ってあげたことで，私にありがとうと言った。

6 分詞

現在分詞（doing）と過去分詞（Vpp）はいずれも動詞の性質を維持しながら，形容詞として機能できるものです。現在分詞は能動的な意味を，過去分詞は受け身や完了の意味を持つことをこの章でしっかり確認しましょう。

☑Check 1 分詞の基本

次の文の空所に最も適切なものを選んで入れよ。
Chinese car makers face _____ competition.
① risen ② raise ③ rise ④ rising （九州国際大）

正解 ④

解説 competition is rising「競争が激化する」という能動の関係が見出せるので，④ rising が正解です。**語句** face 他「～に直面する」，rise 自「上がる，増す」

和訳 中国の自動車メーカーは激しくなる競争に直面している。

■ 分詞の動詞的用法と形容詞的用法

動詞的用法：現在分詞は進行形，過去分詞は完了形や受動態を作るのに使われます。
- 進行形　John *is sleeping* now.　ジョンは今眠っている。
- 完了形　I *have* just *finished* my homework.　私はちょうど宿題を終えた。
- 受動態　The house *was* **built** 2 years ago.　その家は2年前に建てられた。

形容詞的用法：名詞を修飾します。
- 現在分詞：an **increasing** demand　高まる需要
　　　　　　an **exciting** game　わくわくする試合
- 過去分詞：a **frozen** lake　凍結した湖，a **surprised** look　驚いた表情

☑Check 2 分詞句による修飾

次の文の空所に最も適切なものを選んで入れよ。
The students _____ in the schoolyard are members of the soccer club.
① are running ② running ③ runs ④ ran （駿台甲府高校）

正解 ②

解説 分詞の後ろに句などが続き，複数語でまとまっているときは，名詞を後ろから修飾します。ここでは，空所から in the schoolyard までが分詞句として前の The students を修飾します。よって ② running が正解。**語句** schoolyard 名「校庭」

和訳 校庭で走っている生徒たちはサッカー部のメンバーです。

大学入試では現在分詞と過去分詞の区別に関する出題が頻出です。名詞を後ろから修飾するパターン（✓Check 2 参照）での現在分詞と過去分詞の区別が最も重要ですが，〈S＋V＋C〉の第 2 文型動詞の補語となる形（✓Check 3 参照）も要注意です。

■ 分詞の後置修飾

分詞が単独ではなく，2 語以上のまとまりとして機能する場合は，名詞を後ろから修飾します。

Look at the man [***talking* to the policeman**].

警察官に話をしている男性を見てください。

She is not the girl [***injured* in the traffic accident**].

彼女は交通事故でけがをした少女ではありません。

✓Check 3 分詞の叙述用法

次の文の空所に最も適切なものを選んで入れよ。

The coach looks ☐ with the performance of the players.

① satisfy ② to satisfy ③ have satisfied ④ satisfied （神奈川大）

正解 ④

解説 一般の形容詞と同様に分詞も第 2 文型（S＋V＋C）や第 5 文型（S＋V＋O＋C）の動詞の補語（C）になることができます。この問題では第 2 文型動詞 looks の補語となる分詞として ④ satisfied が正解です。

和訳 コーチは選手たちの働きぶりに満足しているようだ。

■ 分詞の限定用法と叙述用法

限定用法：名詞を修飾します。

a ***sleeping*** cat　眠っている猫（a cat which is sleeping）

an ***injured*** man　けがをした男（a man who was injured）

叙述用法：動詞の補語になります。

This question is c very ***confusing***.　(S＋V＋C)

この質問はまぎらわしい。

He looked c ***pleased*** with her answer.　(S＋V＋C)

彼は彼女の答えに満足している様子だった。

He kept o the door c ***locked***.　(S＋V＋O＋C)

彼はドアに鍵をかけたままにしておいた。　**語句** lock 他「～に施錠する」

押さえておきたい6題

空所に最も適切なものを選んで入れよ。

1 Some people enjoy reading books ☐ in English.

    ① is writing   ② write   ③ writing   ④ written

（駿台甲府高校）

2 That picture of children ☐ in front of the tower is wonderful.

    ① stand   ② standing   ③ stood   ④ to stand

（明治大学付属中野高校）

3 Our neighbors had to sweep up the ☐ leaves from the street in the morning.

    ① fall   ② fallen   ③ falling   ④ falls

（佛教大）

4 Alice saw ☐ houses on the hill.

    ① beautiful decorating   ② beautifully decorated
    ③ beautifully decorating   ④ beauty decorated

（武庫川女子大）

5 When I was in the park, I saw a girl ☐ an apple on a bench.

    ① eats   ② to eat   ③ eating   ④ ate

（千葉工業大）

6 The door remained ☐.

    ① lock   ② to lock   ③ locking   ④ locked

（開成高校）

54

1 ④

▶ 空所の前の books が分詞によって修飾を受けるので，本が「書かれた」と考え，**受動**の意味となる過去分詞 ④ written を選びます。

和訳 英語で書かれた本を読んで楽しむ人たちもいます。

2 ②

▶ 空所から tower までが全体で前の名詞の children を修飾しています。**能動**で「子供たちが塔の前に立っている」と考えればよいので，現在分詞 ② standing が正解。

和訳 塔の前に立っている子供たちのあの写真はすばらしい。

3 ②

▶ 空所の前に定冠詞 the があり，空所後は名詞 leaf「葉」の複数形 leaves があるので，形容詞として限定的に名詞を修飾している分詞を入れることになります。自動詞 fall は過去分詞形で「落ちてしまった」という**完了**の意味になるので，② fallen が正解です。　語句 sweep up 他「〜を掃き集める」

和訳 うちの近所の人たちは，朝，落葉を道から掃き集めなければならなかった。

4 ②

▶ 空所後に名詞 houses があるので，限定的に名詞を修飾する分詞を選択する必要があります。動詞 decorate「飾る」は他動詞なので，「飾られた」という**受動**の意味を考え，過去分詞を含む②か④ということになりますが，形容詞として機能する過去分詞を修飾できるのは副詞なので ② beautifully decorated が正解となります。

和訳 アリスは丘の上の美しく飾られた家々を見ました。

5 ③

▶ 空所から文末の bench までが全体で直前の名詞 a girl を修飾すると考えます。空所の直後には目的語になる an apple があるので，**能動**の意味だと判断し，現在分詞の ③ eating を正解とします。

和訳 公園にいたとき，私はベンチでリンゴを食べている少女を見ました。

6 ④

▶ 動詞 remain「〜のままでいる」は後ろに補語を置く〈S + V + C〉の**第2文型動詞**なので，主語の The door の状態を説明する形容詞が必要ですが，ここではドアが「施錠されたままであった」と考え，**受動**の意味となる過去分詞 ④ locked を入れます。

和訳 ドアは閉まったままだった。

1~7：空所に最も適切なものを選んで入れよ。

1 Studying abroad can be an ⬚ experience for students.

① excite   ② excited   ③ exciting   ④ excitingly

（武庫川女子大）

2 When watching a professional wrestling game, spectators easily get ⬚.

① excite   ② excited   ③ excitedly   ④ exciting   ⑤ excitingly

（九州産業大）

3 France is a country ⬚ between Germany and Spain.

① lying   ② laying   ③ laid   ④ lied

（愛光高校）

4 My friend says the sunset ⬚ from the bridge near the river is very beautiful.

① see   ② saw   ③ seeing   ④ seen

（中央大学杉並高校）

5 ⬚ at a bank, Maggie supports her large family.

① Work   ② Working   ③ To be working   ④ Being worked

（広島工業大）

1 ③

▶ 修飾を受けるのは名詞 experience「経験」なので,「(人を)興奮させる」という**能動**の意味を考え,現在分詞の ③ **exciting** が正解と判断します。なお,文頭の Studying は現在分詞ではなく,主語として機能する動名詞であることにも注意しておきましょう。 語句 experience 名「経験」

和訳 海外で勉強をすることは,学生にとってはわくわくする経験になりうる。

2 ②

▶ 動詞 get の補語になる形容詞としての分詞が必要であり,主語が spectators「観客」という人を表す名詞なので,「(人が)興奮させられる」と考え,過去分詞の ② **excited** が正解だと判断します。なお,When watching は When they (= spectators) are watching で,When の後ろに主語と be 動詞が省略されています。

和訳 プロのレスリングの試合を見ていると,観客はすぐに興奮する。

3 ①

▶ 空所より後ろが全体で名詞 a country を修飾する形ですが,ここでは自動詞 lie「〜にある」と他動詞 lay「〜を置く」の区別が重要です。空所の直後に目的語になる名詞句がないので,自動詞の現在分詞である ① **lying** が正解です。

語句 lie 自「〜にある,横たわる」lie-lay-lain

和訳 フランスはドイツとスペインの間にある国です。

4 ④

▶ 節中の主語 the sunset「日没」を修飾する分詞句を作りますが,the sunset が「見る」のではなく,「見られる」という**受動**の関係なので,過去分詞の ④ **seen** が正解です。

和訳 川の近くの橋から見る日没はとてもきれいだと私の友だちが言っている。

差がつくポイント 分詞構文

5 ②

▶ 主語 Maggie が work するという能動の意味関係なので,② **Working** が正解です。分詞が接続詞の働きを兼ねて副詞句を作る形を「**分詞構文**」といいます。この文では,**While she is** *working* 〜, **Maggie supports** .... という意味で同時性が示されています。分詞構文では,『時・理由・付帯状況』などが表されます。

和訳 銀行で働きながら,マギーは大家族を養っている。

6 Leave the door ☐. Dad is coming home soon.

① to unlock ② unlock ③ unlocked ④ unlocking

（藤女子大）

7 ☐, Naomi remained silent.

① What to say not knowing ② Not what to say knowing
③ Not knowing what to say ④ Don't knowing what to say

（福岡大）

8〜10：与えられた語句を並べ替えて，文を完成させよ。

8 あそこで本を読んでいる生徒はメアリーです。

☐ ☐ ☐ ☐ ☐ ☐ ☐ ☐ .

① a ② book ③ is ④ Mary
⑤ reading ⑥ student ⑦ the ⑧ there

（実践学園高校）

9 その本の中で，暗号とシンボルの研究をしている大学の先生が，暗号を次々と解読する。

In the book, ☐ ☐ ☐ ☐ ☐ ☐ one code after another.

① symbols ② studying ③ and
④ a college teacher ⑤ breaks ⑥ codes

（東京都立高）

10 冷蔵庫の中にはジュースがほとんど残っていなかった。

There was ☐ ☐ ☐ ☐ ☐ ☐ .

① juice ② in ③ refrigerator
④ the ⑤ left ⑥ little

（関東学院大）

6 ③

▶ 〈leave＋O＋C〉で「OをCのままにしておく」という意味の**第5文型**のパターンです。**O**が分詞の意味上の主語となることから，③ unlocked を選び，「（ドアの）鍵が開けられた状態のままにしておく」と考えれば，正解に至ることができます。

和訳 鍵は開けたままにしておいて。父さんがすぐに帰ってくるから。

7 ③

▶ **分詞構文を否定する場合は，否定語を分詞の前に置き**ます。ここでは分詞 knowing を否定するので，not knowing に know の目的語として what to do が続いている③ **Not knowing what to say** が正解です。この分詞構文は**理由**を表しており，*As* she **didn't know** what to say, she remained silent. に書き換えられます。

和訳 何と言ってよいかわからず，ナオミは黙ったままでいた。

8 ⑦⑥⑤①②⑧③④　The student reading a book there is Mary.

▶ まず「生徒はメアリーです」で The student is Mary.（⑦⑥③④）という文の大枠を構成し，主語の The student を分詞句 reading a book there（⑤①②⑧）で修飾するため，⑥ student と③ is の間にこの分詞句を配置します。ここでは特定の生徒について語っていることが明らかなので，A student（①⑥）としないように注意。

9 ④②⑥③①⑤　In the book, a college teacher studying codes and symbols breaks one code after another.

▶ まず，現在時制の動詞である⑤ breaks に着目し，その主語に④ a college teacher を置きます。与えられた日本語から主語の a college teacher を修飾する分詞句を考え，現在分詞の② studying の目的語に codes and symbols（⑥③①）を続けます。

語句 one（〜）after another 熟「次々と〜」

10 ⑥①⑤②④③　There was little juice left in the refrigerator.

▶ まず文頭の There was から存在構文であることを確認し，little juice（⑥①）を置き，その後に過去分詞⑤ left を続け，「ほとんどジュースが残っていなかった」を作ります。最後に in the refrigerator（②④③）で「冷蔵庫の中に」を文末に置き完成です。〈There be＋S＋*done*〉で「Sが do されている」という意味になる構文です。

語句 refrigerator 名「冷蔵庫」

7 名詞・代名詞

　文中で主語・補語・目的語として機能する名詞については，まず可算名詞と不可算名詞の区別をしっかりと意識しましょう。代名詞については，人称代名詞の形の変化を基本に，そのほかの代名詞の用法も1つ1つ確実に覚えておきましょう。

☑Check 1 可算名詞と不可算名詞

次の文の空所に最も適切なものを選んで入れよ。

This vase is made of [　　　], so it will break easily.

① glass　　② a glass　　③ glasses　　④ some glasses　　　（東海高校）

正解 ①

解説 **be made of ～**「～でできている」から，物の素材を示す名詞が必要だと考え，「ガラス」という意味での**不可算名詞**としての ① glass を入れます。②～④のように glass を可算名詞として用いると「(ガラス製の)コップ，グラス，(複数形で)メガネ」という意味になります。　**語句** vase 图「花びん」

和訳 この花びんはガラスでできているので，壊れやすいです。

■ 注意すべき不可算名詞

　日常生活で数えられるものとして扱っていても，文法上は数えられない名詞があるので注意が必要です。こうした名詞は many や (a) few では修飾できず，複数形にもなりません。また，数えるときには a piece of ～ や an item of ～ などを用いて表現します。

「2つのアドバイス」

× two advices

○ two pieces of advice

「家具3点」

× three furnitures

○ three pieces[items] of furniture

☑Check 2 数量詞

次の文の空所に最も適切なものを選んで入れよ。

I have read [　　　] of the books on the shelf.

① most　　② almost　　③ much　　④ every　　　（中央大学杉並高校）

正解 ①

解説 〈most of＋the[所有格]＋複数名詞〉で「～の大半，～のほとんど」という意味です。② almost は副詞なので，後ろに all や every などといった数量形容詞が必要で，of the books を直接後続はできません。③は much of ～「～の

多く」という形はありますが，不可算名詞が続く必要があります。④ every は形容詞的に用いられる語なので，名詞が直接後続する必要があります。

語句 shelf 名「棚」

和訳 私は棚にある本のほとんどを読んでしまいました。

■ most, almost, every の使い方

most	: **most** students	ほとんどの学生	〈most ＋複数名詞〉
	most of the students	学生たちの大半	〈most of ＋句〉
almost	: **almost** *all* the students	ほぼすべての学生	〈almost all ＋句〉
	almost *every*one	ほとんど全員	〈almost every ...〉
every	: **every** student	どの学生も	〈every ＋単数名詞〉

✓Check 3 形式主語の it

次の文の空所に最も適切なものを選んで入れよ。

　　　　　 seems that they cannot come to the ceremony.
① There　　② They　　③ It　　④ Their mother　　　　　（名古屋学院大）

正解 ③

解説 動詞 seem は，後続する that 節を指す代名詞 it を**形式主語**として用いることのできる動詞ですので，③ It が正解です。具体的な名詞・代名詞や存在を表す there 構文の there を主語にすると〈S ＋ seem ＋ to *do*〉の形になり，that 節を後続させることはできません。

和訳 彼らは式典に来られないようです。

■ it のさまざまな用法

代名詞 it には形式主語や形式目的語以外にもさまざまな用法があります。

時間：It is three years since we left Japan.　私たちが日本を出て3年です。

距離：It is 3 miles from here to the hotel.　ここからホテルまで3マイルです。

天候・季節：It is cloudy today.　今日は曇っています。

寒暖・明暗：It is too cold in here.　この中は寒すぎます。

漠然とした状況：It's my turn.　私の順番です。

押さえておきたい6題

空所に最も適切なものを選んで入れよ。

1 教科書の7ページを開きなさい。
Open ⬚ textbook to page seven.

    ① I   ② your   ③ mine   ④ of

（北海道立高）

2 A: Whose bag is this?
B: ⬚ .

    ① It's Keiko's   ② Keiko is   ③ Keiko does   ④ She is Keiko

（栃木県立高）

3 鏡で自分を見てごらん。
Look at ⬚ in the mirror.

    ① you   ② yourself   ③ your   ④ you're

（開成高校）

4 I have lost my purse, so I must buy ⬚ .

    ① it   ② one   ③ the one   ④ the other

（久留米大学附設高校）

5 There is ⬚ strange about that company.

    ① something   ② everything   ③ one   ④ anywhere

（玉川大）

6 To say it is one thing. To do it is quite ⬚ .

    ① other   ② another   ③ the other   ④ the another

（名古屋学院大）

1 ②

▶ 命令文では形の上では主語が見えませんが、**意味的な主語は you** になります。したがって、you の所有格である ② your が正解です。なお、③ mine は単独で 1 つの名詞句として機能し、名詞を修飾することはできません。

2 ①

▶ A の質問にその問いの英文をそのまま利用して答えるならば、**This is Keiko's bag.** となるはずです。この応答の主語 This を代名詞 It に置き換え、すでに A の質問で用いられた bag を省略すれば、**It is Keiko's.** となるので、①が正解と判断できます。

和訳 A：これはだれのバッグですか？　B：それはケイコのです。

3 ②

▶ すでに 1 で確認したように、**命令文の意味上の主語は you** です。この問題では、前置詞 at の目的語になる代名詞も you を指すことになるので、同じ人を表す -self のついた**再帰代名詞**が必要で、正解は ② yourself となります。

4 ②

▶ ここではなくしてしまった財布そのもの（① it）ではなく、財布という**同じ名称で呼ばれるほかのもの**を指す必要があるので、正解は ② one となります。③ the one は定冠詞 the があるため、特定のものを指してしまい、不適切です。　語句 purse 名「財布」

和訳 私は財布をなくしてしまったので、1 つ買わなければいけません。

5 ①

▶ **-thing 形の代名詞を形容詞で修飾する場合は、形容詞は後ろに置きます。**本問では空所後に形容詞 strange があり、空所には -thing 形の代名詞が入りますが、②everything「すべてのもの」では文意が成立しないので、① something が正解となります。③ one は形容詞を前に置いて修飾される代名詞です。④ anywhere は副詞です。

和訳 あの会社には何か奇妙なところがある。

6 ②

▶「あるもの」とまた「別のあるもの」という意味を伝えるには one と another を用いるので②が正解となります。another は〈an＋other〉、すなわち「ある不特定の別のもの」という意味で、④のように the をつけて用いることはできません。③ the other は「（2 つのものの）もう一方」という意味で用います。

和訳 話すことと行うことはまったく別物だ。

差がつく10題

1～8：空所に最も適切なものを選んで入れよ。

1 I asked two people the way to the station, but _____ of them could help me.

    ① none   ② either   ③ both   ④ neither

(久留米大附設高校)

2 This software makes _____ to calculate the costs quickly.

    ① it possibly   ② that possible
    ③ it possible   ④ that possibly

(広島工業大)

3 There are two university students in our book club. One is majoring in English literature, and _____ is majoring in Chinese literature.

    ① another   ② other   ③ the other   ④ others

(愛知大)

4 I don't like this ring. Please show me _____.

    ① other one   ② an another   ③ each other   ④ some others

(愛光高校)

5 Why don't you make _____ with that boy? He is very nice.

    ① a friend   ② friends   ③ the friends   ④ the friend

(中央大学杉並高校)

1 ④

▶ 駅までの道を尋ねた相手が 2 人であることに注目します。コンマの後ろに but があることから，否定の文脈だと考え，④ neither「(2 者の) どちらも〜ない」を選びます。① none は「(3 者以上の) どれも〜ない」なので，ここでは不適切です。③ both は「(2 者の) どちらも〜である」という肯定の意味になります。

和訳 私は 2 人に駅への行き方を尋ねましたが，どちらも私の助けになりませんでした。

2 ③

▶ 〈make ＋ O ＋ C〉で「O を C にする」の第 5 文型の表現です。空所後の to 不定詞を指す形式目的語の it と，補語 (C) になる形容詞の possible を含む ③ it possible が正解です。　語句 calculate 自 他「(〜を)計算する」，cost 名「費用」

和訳 このソフトウェアは費用を素早く計算することを可能にします。

3 ③

▶ 1 文目で「2 人の大学生」と示されていますが，2 人のうち「一方」が One で，「もう一方」は ③ the other となります。① another は，「(3 人以上のうちで) もう 1 人」です。④ others は複数形なので，ここでは不適切です。　語句 major in 熟「〜を専攻する」

和訳 私たちの読書クラブには 2 人の大学生がいます。1 人は英文学を専攻していて，もう 1 人は中国文学を専攻しています。

4 ④

▶ ① other one は前に the があれば，「(2 つのうち) もう 1 つのもの」という意味になりますが，the がないので文法的に不適切です。② another はそもそも〈an ＋ other〉なので，前に an は置けません。③ each other「お互い」は，意味的に不自然です。④ some others で「何かほかのをいくつか」という意味になり，これが正解です。

和訳 私はこの指輪が好きではありません。ほかのをいくつか見せてください。

差がつくポイント　必ず複数形で用いる表現

5 ②

▶ make friends with 〜 で「〜と友だちになる」という意味の表現です。friends が**無冠詞複数**であることに注意します。友人関係ができるためには複数の人の存在が必要なので複数形になりますが，**change trains**「列車を乗り換える」や **take turns** *doing*「交代で do する」なども同様の表現です。

和訳 あの少年と友だちになったらどうですか？　彼はとてもいい人です。

6 George as well as I ☐ going to join the event next week.

    ① am   ② are   ③ will be   ④ is

（愛光高校）

7 My father writes about three books ☐, but they don't sell very well.

    ① a year   ② during year   ③ in the year   ④ while a year

（灘高校）

8 It was yesterday ☐ Mary lost her bag.

    ① which   ② that   ③ what   ④ how

（関東学院大）

9～10：与えられた語句を並べ替えて，文を完成させよ。

9 自分が何か間違ったことをしているということが明確になった。

☐ ☐ ☐ ☐ ☐ ☐ ☐ ☐

☐ .

    ① clear   ② something   ③ was   ④ wrong
    ⑤ became   ⑥ it   ⑦ I   ⑧ doing   ⑨ that

（中央大学杉並高校）

10 彼は外国語を学ぶのは簡単だと思っているようだ。

He ☐ ☐ ☐ ☐ ☐ easy to learn a foreign language.

    ① is   ② it   ③ seems   ④ think   ⑤ to

（佛教大）

6　④

▶ *A* as well as *B* で「BだけでなくAも」という表現ですが，意味的にはAが主体で，主語に用いられている場合には，**動詞はAの数に一致**させます。この問題では，George に一致させることになるので，④ is が正解です。なお，③ will be では will と be going to *do* で未来の意味が重複してしまうので，不適切です。

和訳 私だけでなくジョージも，来週イベントに参加する予定です。

7　①

▶ ① a year で「1年で，1年につき」という意味となるので，これが正解です。② during year は冠詞がなく不適切であり，③ in the year「その年に」はある特定の1年を指してしまうので，現在時制と合致しません。④ while a year は，while が前置詞ではなく接続詞なので，このような表現自体が誤りです。

和訳 私の父は1年におよそ3冊の本を書きますが，あまり売れません。

8　②

▶ It is ... that ～. の構文は**強調構文**と呼ばれます。この文では Mary lost her bag *yesterday*. の yesterday が強調された形となります。主語を強調すると，It was *Mary* that lost her bag yesterday. となり，目的語を強調すると It was *her bag* that Mary lost yesterday. となります。

和訳 メアリーがかばんをなくしたのは昨日のことでした。

9　⑥⑤①⑨⑦③⑧②④　It became clear that I was doing something wrong.

▶ ⑥ it と ⑨ that から，〈it is＋形容詞＋that ～〉の形式主語の構文をまず考えますが，「明確になった」と変化が示されているので，動詞は be 動詞ではなく ⑤ became を用い，It became clear that（⑥⑤①⑨）を作ります。その後に that 節内の〈S＋V＋O〉を I was doing something（⑦③⑧②）の過去進行形で表し，最後に something を修飾する形容詞の ④ wrong を置いて完成させます。

10　③⑤④②①　He seems to think it is easy to learn a foreign language.

▶ まず主語の He に対して現在時制の動詞 ③ seems を続けます。seem to *do* で「*do* するようだ」という意味なので，④ think を続け seems to think（③⑤④）とします。think の目的語には that 節の that が省略されたものが来ると考え，to learn 以下の不定詞を指す形式主語の ② it と動詞 ① is を配置すれば完成です。

8 形容詞・副詞

この章では，形容詞と副詞の働きを区別しましょう。
- 形容詞…名詞を修飾する。動詞の補語になる。
- 副詞…動詞・形容詞・文全体・ほかの副詞などを修飾する。

☑Check 1 数量を表す形容詞

次の文の空所に最も適切なものを選んで入れよ。

We had ☐ snow this winter. So there were few traffic accidents here.

① a lot　　② few　　③ little　　④ many　　　　　　（広島大学附属高校）

正解 ③

解説 名詞の数量を表す表現は修飾を受ける名詞に合わせて選択します。この問題では空所後の**不可算名詞** snow を修飾するので ③ little が正解になります。① a lot は，a lot of であれば文法上は入れられますが，ここでは文脈に沿いません。

和訳 この冬は雪がほとんど降らなかった。だからここでは交通事故がほとんどなかった。

■ 数量形容詞の用法

	『数』（可算名詞の複数形の前）	『量』（不可算名詞の前）
かなり多くの	quite a few 〜	quite a little 〜
多くの※	many 〜	much 〜
	a lot of 〜; lots of 〜	
少しの	a few 〜	a little 〜
ほとんど〜ない	few 〜	little 〜

※疑問文・否定文で「多くの」は many, much がふつう。

☑Check 2 数量の尋ね方

次の文の空所に最も適切なものを選んで入れよ。

How ☐ classes do you have today?

① old　　② long　　③ many　　④ much　　　　　　（沖縄県立高）

正解 ③

解説 空所後に**可算名詞**の複数形 classes があるので，③ many が正解です。

和訳 今日は授業はいくつありますか？

数量形容詞（many, much, few, little など）の用法が最も頻繁に問われる項目です。また，形容詞と副詞の区別もよく狙われます。さらに，high など同じ形で形容詞と副詞の両方に用いられる語や，似た形をした副詞の意味の違い（hard と hardly など）なども重要です。

■ 数量を尋ねる表現

数量などを尋ねる表現は〈How ＋ 形容詞〉または〈How ＋ 副詞〉で表されます。

数　：How **many** ～? 　　　時間：How **long** ～?
量　：How **much** ～? 　　　　　　 How **soon** ～?
距離：How **far** ～? 　　　　　　　 How **late** ～?
年齢・古さ：How **old** ～? 　　頻度：How **often** ～?
　　　　　　　　　　　　　　　回数：How **many times** ～?

✔ Check 3　頻度の副詞

次の文の空所に最も適切なものを選んで入れよ。
Robert ⬚ away two or three times a year.
① is going usually　　② is usually going
③ usually goes　　　 ④ goes usually 　　　　　　（久留米大学附設高校）

正解 ③

解説 副詞の位置には注意が必要です。ここでは usually「ふだん」という**頻度の副詞**が用いられていますが，こうした副詞は**一般動詞の前，be 動詞の後ろ**が基本的な位置です。したがって文法上は②か③が正解ということになりますが，この問題では「1 年に 2，3 度」という習慣的な意味が示されているので，現在進行形ではなく単純現在が適切で，正解は ③ **usually goes** です。

和訳 ロバートはふつう年に 2，3 度（休暇で）出かける。

■ 頻度の副詞

何かを行ったり，何かが起こったりする回数や頻度を表す副詞を**頻度の副詞**といいます。異なる頻度を示すための副詞を確認しておきましょう。

never （決して～ない）	seldom （めったに～ない）	sometimes （ときどき）	often； frequently （しばしば）	usually （ふつうは）	always （いつも）

低 ←――――――――　頻　度　――――――――→ **高**
ゼロ

押さえておきたい6題

空所に最も適切なものを選んで入れよ。

1 Would you like ☐ cup of coffee?

① other   ② others   ③ another   ④ the others

（函館ラ・サール高校）

2 Since I was a child, I've always wanted to study ☐.

① abroad   ② for abroad   ③ in abroad   ④ to abroad

（大阪経済大）

3 You are ☐ by yourself.

① enough old to live   ② old enough to live
③ enough live to old   ④ enough to live old

（東海高校）

4 A: How ☐ do you have dinner at the restaurant?
B: Well, once or twice a month.

① many   ② soon   ③ often   ④ times

（高知学芸高校）

5 In the ☐ 200 years, many kinds of animals have died out.

① early   ② last   ③ first   ④ end

（国立工業・商船・電波高専）

6 ☐ my mother and my sister like to invite people to our house.

① All   ② Either   ③ Both   ④ Between

（関西学院高等部）

1 ③

▶ 空所直後に名詞 cup があるので，**形容詞**が必要です。②と④は複数形 others に
なっているので，これらは形容詞ではなく，代名詞です。① other は形容詞としても
用いられますが，前に冠詞がないので不適切であり，正解は ③ **another** になります。

和訳 コーヒーをもう 1 杯どうですか？

2 ①

▶ abroad「*海外で，海外に*」は副詞なので，基本的に前置詞は不要です。したがって，
正解は ① **abroad** になります。ただし，from abroad「海外から」などのように副
詞でも前置詞が前に置かれることもあります。

和訳 子供のころから，私は留学をしたいといつも思ってきました。

3 ②

▶ 副詞 enough が形容詞を修飾する場合には，**形容詞の後ろに配置**されます。この問
題では，**enough to** *do* で「do するのに十分なほど〜」という意味で用いられており，
正解は ② **old enough to live** となります。 語句 by *oneself*「自分だけで，1 人で」

和訳 あなたはもうひとり暮らしができる年齢です。

4 ③

▶ B の応答「月に 1 度か 2 度」に注目します。回数を答えているので，頻度を尋ね
る質問であることがわかり，③ **often** が正解です。How often 〜? で「何回ぐらい」
という頻度を尋ねる疑問文になります。なお④は How many times 〜? なら可。

和訳 A：どのくらい頻繁にそのレストランで食事しますか？　B：ええと，月に 1, 2 度です。

5 ②

▶ 形容詞 last には「最後の，最終の」という意味以外にも，「現在に一番近い」と
いう原義に基づき，「この前の」という意味があります。よって正解は ② **last** です。
語句 die out 熟「絶滅する」

和訳 この 200 年で，多くの種類の動物が絶滅しました。

6 ③

▶ my mother and my sister で 2 人の人物が主語になっていることに注目します。
Both *A* **and** *B* で「A と B の両方」という意味になるので，③ **Both** が正解です。
① All では，3 人以上の人物が必要ですし，② Either は either *A* or *B* の形で用いる
ので，and ではなく，or が必要です。④ Between では主語にならず，これも不可。

和訳 私の母と姉[妹]の両方とも，家に人を招待するのが好きです。

差がつく10題

空所に最も適切なものを選んで入れよ。

1 This dress is ☐ too large for you.

    ① as   ② much   ③ so   ④ very

(佛教大)

2 We had ☐ snow last winter.

    ① not   ② no   ③ a big   ④ many

(駒込高校)

3 She has ☐ friends at her new school.

    ① few   ② few of   ③ a lot   ④ much

(阪南大)

4 I was afraid ☐ dogs when I was a child.

    ① to   ② of   ③ at   ④ with

(愛光高校)

5 A: Why didn't you play baseball?
B: Actually, we went to the park, but it began raining ☐.

    ① one after another   ② for the first time
    ③ before long   ④ on time

(明治大学付属中野高校)

1 ②
▶ 空所の後で形容詞 large が**副詞 too** によって修飾されていることを確認します。too を修飾できるのは①〜④のうち ② **much** しかないので，これが正解で，much は too「〜すぎる」を強調しています。

和訳 このドレスはあなたにはかなり大きすぎます。

2 ②
▶ 空所後の名詞が**不可算名詞 snow** なので，不定冠詞 a がついている ③ a big や可算名詞の複数形を修飾する ④ many は入れられません。さらに，① not は動詞を否定する副詞なので，不適切です。よって，形容詞として名詞を修飾できる ② **no** が正解になります。

和訳 この前の冬は雪がまったく降らなかった。

3 ①
▶ 空所後にある可算名詞 friend の複数形から，正解は ① **few** と判断します。**a few**「少しの，いくらかの」とは異なり，few は「ほとんどない」という否定的な意味です。② few of は，後ろに the や所有格代名詞 one's などがついた名詞が必要です。③ は of が不足しています。④ much は不可算名詞を修飾します。

和訳 彼女は新しい学校で友だちがほとんどいない。

4 ②
▶ 形容詞 afraid は be afraid of 〜 で「〜を怖がっている」という意味となります。なお，afraid は，be動詞などの補語として用いる**叙述用法の形容詞**で，名詞を前から修飾する限定用法では用いられないことにも注意しましょう（例：˟ an afraid boy）。

和訳 私は子供のころ，犬が怖かった。

5 ③
▶ 副詞の役割を果たす慣用表現をしっかり覚えておきましょう。① one after another「次々に」，② for the first time「初めて」，③ before long「やがて，間もなく」，④ on time「時間どおりに」なので，③ **before long** が正解となります。

和訳 A：どうして野球をしなかったのですか？
　　　B：実は，公園に行ったのですが，すぐに雨が降り始めてしまって。

6 Tom hasn't finished his homework yet, and I haven't, _____.

① too ② neither ③ either ④ also

（愛光高校）

7 She _____ about thirty minutes ago, so she is not in this shopping center now.

① has gone home ② went home
③ has gone to home ④ went to home

（東海高校）

8 I've never seen _____ a beautiful picture as this.

① very ② so ③ such ④ too

（函館ラ・サール高校）

9 They worked _____ to prepare for the piano competition.

① very hardly ② more hard ③ very hard ④ more hardly

（追手門学院大）

10 _____ employees in our Fukuoka branch take a coffee break at 3 p.m.

① Most ② Almost ③ Every ④ Most of

（九州国際大）

6 ③

▶「～もまた」という意味の ① too は肯定文で用います。この問題では，haven't (finished my homework yet) という否定文になっているので，③ **either** が正解です。② neither はそれ自体が否定なので，否定が重複するため不可。また，④ also も「～もまた」という意味がありますが，not より後ろには置かれません。

和訳 トムはまだ宿題を終わらせていないし，私もまだです。

7 ②

▶ **home**「家へ」は副詞として使われますので，前置詞 to のある③と④は不適切です。この問題では，thirty minutes ago「30 分前に」という過去を表す副詞句があるので，現在完了形は用いられず，過去時制の ② **went home** が正解となります。

和訳 彼女はおよそ 30 分前に家に帰ったので，今はこのショッピングセンターにはいません。

8 ③

▶ **such ～ as ...** で「…のような～」という意味になるので，③ **such** が正解です。なお，語順には注意が必要で，〈**such + a (+ 形容詞) + 名詞**〉となります。① very は〈**a + very + 形容詞 + 名詞**〉，② so と ④ too は〈**so[too] + 形容詞 + a + 名詞**〉の語順で用います。

和訳 私はこれまでにこんなに美しい絵を見たことはありません。

9 ③

▶ 形の似た副詞の区別は重要です。**hard** は「一生懸命に」であるのに対し，**hardly** は「ほとんど～ない」という否定的な意味です。この問題では動詞 worked を修飾する様態の副詞が必要なので，③ **very hard** が正解です。また，hard の比較級は harder であり，②は不適切です。　語句 competition 名「競技会」

和訳 彼らはピアノのコンクールの準備のため，一生懸命頑張った。

10 ①

▶ 直後に名詞 employees があるので，形容詞である ① **Most**「大半の，ほとんどの」を選びます。② Almost は all や every を後続させて用います。③ Every が「すべての」の意味で用いられるときは，後ろは単数名詞です。④ Most of の後ろは the や所有格形代名詞のある名詞句が続きます。　語句 employee 名「従業員」，branch 名「支店」

和訳 わが社の福岡支店の従業員のほとんどは午後 3 時にコーヒー休憩をとります。

9 比較

　英語の比較表現には，形容詞や副詞のそのままの形である「原級」による比較，「比較級」による比較，「最上級」による比較の３種類があります。この章では，それぞれの基本形を学習するとともに，異なる形式でも同様の意味を表す比較表現を確認しましょう。

☑Check 1 原級による比較

> 次の文の空所に最も適切なものを選んで入れよ。
> This flower is ☐ as that flower.
> ① pretty　② as pretty　③ prettier　④ the prettiest　（栃木県立高）

正解 ②

解説 〈as＋原級＋as …〉で「…と同じくらい～」という比較が表現できます。この問題では，空所後に as があることから ② **as pretty** が正解になります。

和訳 この花はあの花と同じくらいきれいだ。

■ 原級比較

形容詞：Tom is **as *tall* as** Bill.　トムはビルと同じくらいの背の高さです。

　　　　　Tom has **as *many* CDs as** Bill.　トムはビルと同じくらいの数のCDを
　　　　　　　　　　　　　　　　　　　　　　　　持っている。

副詞：Tom speaks **as *fast* as** Bill.　トムはビルと同じくらいの速さで話す。

※原級比較の否定文では，so が用いられることもあります。

　　Tom is not as[so] *happy* as Bill.　トムはビルほど幸せではない。

☑Check 2 比較級・最上級による比較

> 次の文の空所に最も適切なものを選んで入れよ。
> Water is ☐ than air.
> ① heavy　② heavier　③ more heavy　④ heaviest　（大阪学院大）

正解 ②

解説 空所後に than があるので，〈比較級＋than …〉で「…より～」という表現にすれば文が完成します。heavy の比較級は -er 形なので，② **heavier** が正解です。

和訳 水は空気よりも重い。

比較級を強調する much（p.80 差がつく 15 題：3 参照）や倍数比較
（p.84 差がつく 15 題：13 参照）などがよく問われます。また，比較
には慣用表現がたくさんあるので，形や意味を正確に覚えておく必
要があります。

■ 比較級・最上級の作り方

[1 音節語]
- long － longer － longest（そのまま -er，-est をつけます。）
- nice － nicer － nicest（e で終わっているので，-r，-st をつけます。）
- big － bigger － biggest（語末の子音字 g を重ねます。）

[2 音節語]
- clever － cleverer － cleverest（そのまま -er，-est をつけます。）
- happy － happier － happiest（y を i に変えて，-er，-est をつけます。）
- famous － more famous － most famous（more，most を前に置きます。）
- clearly － more clearly － most clearly（more，most を前に置きます。）
  ※ 3 音節以上の語は原則として more，most を前に置きます。

✓Check ③ 不規則な比較級・最上級

次の文の空所に最も適切なものを選んで入れよ。

He has _____ time than I to prepare for the interview.
① few　　② less　　③ lesser　　④ little　　　　　　　　（日本女子大）

正解 ②

解説 形容詞 little の比較級・最上級は不規則な比較変化で，それぞれ less，least
となります。ここでは than ... があるので，比較級の ② less が正解です。
③ lesser も little の比較級ですが，「より劣った」という意味になります。

和訳 彼はインタビューの準備をする時間が私ほど十分にはありません。

■ 不規則な比較変化

	意味	比較級	最上級		意味	比較級	最上級
good	よい	better	best	many	多数の	more	most
well	元気な／よく	better	best	much	多量の	more	most
bad	悪い	worse	worst	little	少量の	less	least
ill	病気の	worse	worst	little	劣った	lesser	least
badly	ひどく	worse	worst				

押さえておきたい6題

空所に最も適切なものを選んで入れよ。

1 This box is [＿＿＿] of the five.

    ① heavy   ② heavier   ③ the heaviest   ④ the most heavy

（駿台甲府高校）

2 It is [＿＿＿] as you think.

    ① so not difficult   ② so difficult not
    ③ difficult not so   ④ not so difficult

（慶應義塾志木高校）

3 Tom is [＿＿＿] than Mary.

    ① younger two years   ② younger than two years
    ③ older two years   ④ two years older

（東海高校）

4 My father has [＿＿＿] as your father.

    ① as many books   ② as books many
    ③ books as many   ④ many as books

（愛光高校）

5 Ken can run [＿＿＿] all.

    ① as faster as   ② the faster of
    ③ the fastest   ④ the fastest of

（関西学院高等部）

6 I think soccer is [＿＿＿] exciting of all the sports.

    ① a   ② than   ③ many   ④ the most

（神奈川県立高）

1 ③

▶ 空所後に **of the five**「5つのうちで」という表現があるので，**最上級**を用います。形容詞 heavy の最上級は語末の y を i に変えて -est をつけるので，③ **the heaviest** が正解です。

和訳 この箱は5つの(箱の)うちで最も重い。

2 ④

▶ **原級比較の否定**の場合には〈**not as[so]＋原級＋as ...**〉という形が用いられます。この問題では，形容詞 difficult を用いた原級比較が否定されています。よって so の前に否定語の not がある ④ **not so difficult** が正解になります。

和訳 それはあなたが思うほど難しくはない。

3 ④

▶ than があることから**比較級**による比較だとわかり，その差異がどの程度かを示す副詞表現 two years が形容詞 older を修飾している ④ **two years older** が正解。この文は Tom is older than Mary **by** two years. と，「**差・程度**」の前置詞 by を用いて同内容を表現することもできます。

和訳 トムはメアリーより2歳年上だ。

4 ①

▶ **原級比較**の比較表現では，名詞を限定修飾する形容詞が比較の対象になることもあります。ここでは many books「たくさんの本」の形容詞 many が〈as 〜 as ...〉に挟み込まれる形になるので，① **as many books**（as ...）が正解になります。

和訳 私の父はあなたのお父さんと同じくらいの数の本を持っています。

5 ④

▶ この問題では，動詞 run を修飾する**副詞 fast**「速く」が比較表現で用いられることになりますが，空所後に all があることに注目し，of all「みんなの中で」から，ここでは**最上級**が適切だと判断し，④ **the fastest of** が正解になります。

和訳 ケンはみんなの中で最も速く走ることができる。

6 ④

▶ 文末に of all the sports「すべてのスポーツのうちで」があるので，**最上級**が適切です。形容詞 exciting の最上級は -est 型ではなく，(the) most を前につけて作ります。

和訳 私はすべてのスポーツのうちでサッカーが最もわくわくすると思う。

1〜10：空所に最も適切なものを選んで入れよ。

1 Our house is smaller than _____.

① you ② your ③ your one ④ yours

（九州国際大）

2 Lake Biwa is larger than _____ in Japan.

① any other lakes ② any another lake
③ any other lake ④ any another lakes

（愛光高校）

3 Mt. Fuji is a very high mountain, but Mt. Everest is _____ higher.

① many ② most ③ much ④ very

（愛知大）

4 There are _____ cars in this street than ever before.

① even few ② little more ③ many more ④ much more

（灘高校）

5 Thank you! It's _____ I've ever received.

① the nicer gift ② a nice gift
③ nicest gift ④ the nicest gift

（久留米大学附設高校）

1 ④

▶ 比較表現では，何と何を比べているかを確認することが重要です。この問題では，Our house「私たちの家」と比較される対象になるのは your house「あなたの家」で，それを代名詞で表現した ④ yours「あなたのもの」が適切です。なお，既出の名詞の反復を避けるための代名詞 one は，〈所有格＋形容詞＋one〉という形は可能ですが，形容詞抜きでの〈所有格＋one〉の形は用いられないので，③は不適切です。

和訳 私たちの家はあなたの(家)よりも小さい。

2 ③

▶〈A is＋比較級＋than any other＋単数名詞〉で「A はほかのどの…より〜」という意味になるので，③ any other lake が正解です。① any other lakes のように名詞を複数形にしないように注意が必要です。この文は No other lake in Japan is as large as [larger than] Lake Biwa. と書き換えることもできます。

和訳 琵琶湖は日本のほかのどの湖よりも大きい。

3 ③

▶ 比較級表現で「差」を強調するためには，④ very や more ではなく，③ much で比較級を修飾します。なお，この文の but 以下では higher の後ろに than Mt. Fuji が省略されていると考えます。

和訳 富士山はとても高い山ですが，エベレストははるかにずっと高い。

4 ③

▶ 比較級の強調には much を用いるのが基本ですが，「数がずっと多い」という意味で複数名詞を修飾している場合には，much more ではなく，**many more** の形を用います。したがって，③ many more が正解です。

和訳 この通りにはかつてないほどはるかに多くの車がある。

5 ④

▶〈the＋最上級＋名詞（＋that）＋S have ever *done*〉で「S が今までに do した中で最も…」という意味になるので，④ the nicest gift が正解です。この表現では that 以下が前の名詞を修飾する関係詞節になっています。また，この表現では，never ではなく，ever が用いられている点も要注意です。

和訳 ありがとう！　それは私が今までにもらった中で最高の贈り物です。

6 Most people read [_____] than they can write.

① more easily ② more easier ③ more difficult ④ easy

(中部大)

7 Because of the economic situation, [_____] money is being spent on hobbies today than 20 years ago.

① fewer ② less ③ little ④ no

(清泉女子大)

8 Toshiko's grades kept getting [_____] because she studied so much.

① better and better ② better and best
③ good and better ④ much more better

(東京経済大)

9 I am older than my sister [_____] five years.

① in ② for ③ after ④ by

(九州国際大)

10 She prefers cake [_____] ice cream.

① more ② than ③ to ④ rather

(学習院女子大)

6 ①

▶ 動詞 read を修飾することになるので，ここでは形容詞ではなく副詞が必要となります。したがって，副詞 easily が比較級になっている ① **more easily** が正解となります。なお，② more easier は比較の形が重複していますので，誤りです。

和訳 ほとんどの人にとって（文章を）書くよりも読む方が簡単です。

7 ②

▶ 文末の than 20 years ago「20 年前より」から，比較表現を考えますが，空所直後の money が不可算名詞なので，① fewer では修飾できず，② **less** が正解になります。なお，is being spent on は〈spend＋O＋on ～〉「（お金）を～に使う」の現在進行形が受動態になったもので，「（お金）が～に使われている」という意味です。

語句 economic 形「経済の」，situation 名「状況」

和訳 経済状況により，趣味に使われているお金は 20 年前よりも少なくなっている。

8 ①

▶〈比較級＋and＋比較級〉で「ますます～，だんだん～」の意味を表現できます。ここでは ① **better and better** で「ますますよく」が適切です。

語句 grade 名「成績」，keep *do*ing 熟「do し続ける」

和訳 トシコはずいぶんと勉強したので，成績が上がり続けた。

9 ④

▶ 比較表現で「差・程度」を表すには前置詞 by を用いるので，④ **by** が正解です。なお，この文は I am **five years** older than my sister. というように five years が副詞として形容詞 older を修飾する形式に書き換えることができます。(p.79 **3** 参照)

和訳 私は妹よりも 5 歳年上です。

差がつくポイント　　than ではなく to を用いる比較

10 ③

▶ prefer *A* to *B* で「B よりも A を好む，B より A のほうがよい」という意味になります。この表現では，than ではなく，to で比較対象が示されます。

和訳 彼女はアイスクリームよりケーキのほうが好きです。

■ **to を用いる比較表現**

　・**be superior to ～**　「～より優れている」

　・**be inferior to ～**　「～より劣っている」

　・**be senior to ～**　　「～より年上である」

　・**be junior to ～**　　「～より年下である」

11～15：与えられた語句を並べ替えて，文を完成させよ。

11 彼は日本最速のランナーです。

						as	

		.

① other ② as ③ no ④ he ⑤ fast
⑥ in ⑦ is ⑧ Japan ⑨ runner

（城北高校）

12 この若者とあの店員はほぼ同じくらいの背の高さです。

							as

that | | . (1語不要)

① about ② tall ③ young ④ is ⑤ as
⑥ more ⑦ clerk ⑧ man ⑨ this

（桐蔭学園高校）

13 あなたの国では私の国の２倍も雨が降るそうですね。

It | | | in your country it | | |

| | | as in my country.

① as ② that ③ much ④ said ⑤ rains
⑥ is ⑦ twice

（明治大学付属中野高校）

14 あなたはできるだけ早くに医者に見てもらったほうがいいですよ。

You | | | | | | as | |

| | .

① you ② as ③ see ④ your doctor
⑤ soon ⑥ had ⑦ can ⑧ better

（開成高校）

15

		.

① the ② that ③ ever ④ this ⑤ I've
⑥ saddest ⑦ is ⑧ seen ⑨ movie

（法政大学第二高校）

11 ③①⑨⑥⑧⑦, ⑤②④　<u>No other runner in Japan</u> <u>is</u> <u>as fast as he</u>.
　　　　　　　　　　　　　　　　　　　S　　　　　　　　V　　C

▶ 与えられた和訳の「最速の」を見ると最上級で He is the fastest runner in Japan. としたくなりますが，最上級が選択肢に含まれていないので，最上級の意味を表す原級比較を考えます。〈No other＋A（単数名詞）＋is as ～ as ...〉「…と同じぐらい～な A はほかにない」という形で最上級の意味が表現できます。

12 ⑨③⑧④①⑤②, ⑦　<u>This young man</u> <u>is</u> <u>about as tall</u> as that clerk.
　　　　　　　　　　　　　　S　　　　　　V　　　　C
〔不要語：⑥ more〕

▶ まず主語に this young man（⑨③⑧）を置き，〈as ～ as ...〉の原級比較が使えるとわかりますが，形容詞 tall を修飾する副詞 ① about「だいたい」を ⑤ as の前に配置する必要があり，述部は is about as tall as ...「…とほぼ同じくらい背が高い」となります。

13 ⑥④②, ⑤⑦①③　<u>It</u> <u>is said</u> [that] in your country <u>it</u> <u>rains</u> twice as much
　　　　　　　　　　　　S　　V　　　　　　　　　　　S'　V'
as in my country.

▶ まず「～そうですね」から **it is said that** ～ という骨組みを決定しましょう。主語 It の後に is said that（⑥④②）を作り，その後の that 節中では，天候の it を主語として動詞 ⑤ rains を置いた上で，その後に副詞 much を倍数表現と結びつけ，twice as much（⑦①③）as ... を続けます。

14 ⑥⑧③④②⑤, ①⑦　<u>You</u> <u>had better see</u> <u>your doctor</u> [as soon as] <u>you</u>
　　　　　　　　　　　　S　　　V　　　　　　O　　　　　　　　　S'
<u>can</u>.
V'

▶ まず，主語の You に続き，助動詞 had better と動詞の原形 see を置き（⑥⑧③），see の目的語に ④ your doctor を配置します。さらに〈as＋原級＋as *one* can〉「できるだけ～」の表現から as soon（②⑤）と you can（①⑦）を続けます。なお，**as soon as you can** は **as soon as possible** と表現することもできます。

15 ④⑦①⑥⑨②⑤③⑧　<u>This</u> <u>is</u> <u>the saddest movie</u> [that] <u>I've ever seen</u>.
　　　　　　　　　　　　　S　　V　　　　C
▶ ⑥ saddest という形容詞の最上級と ③ ever があることから，〈the＋最上級＋名詞（＋that）＋S have ever *done*〉「S が今までに do した中で最も～」の表現を使うことをいち早く見抜きましょう。the saddest movie that I've ever seen（①⑥⑨②⑤③⑧）を先に作り，その前に主語と be 動詞の This is（④⑦）を置けば完成です。

和訳 これは私が今まで見た中で最も悲しい映画です。

10 関係詞

　本章では関係代名詞と関係副詞の基本的な使い方を確認しましょう。関係代名詞は「接続詞＋代名詞」，関係副詞は「接続詞＋副詞」と同等の役割を果たすことをしっかりと理解しましょう。

☑Check 1 　主格の関係代名詞

> 次の文の空所に最も適切なものを選んで入れよ。
> I know a little boy ▢ knows how to use the computer.
> ① he　　② which　　③ whose　　④ who　　　　　　　（沖縄県立高）

正解 ④

解説 先行詞が boy という「人」で，空所後が動詞 knows から始まり，その主語がないことから，主語の役割を果たす関係代名詞の ④ **who** が正解。

和訳 私はコンピューターの使い方を知っている小さな男の子を知っている。

■ 主格の関係代名詞

　　関係代名詞の選択は，先行詞の違いと関係詞節中での機能により決まります。主格の関係代名詞は関係詞節中で主語の機能を果たします。that は先行詞が「人・物」のどちらでも使えます。

・This is **the boy** [who broke the window]. *先行詞は「人」

　= This is **the boy** [that broke the window].

　この子が窓を割った少年です。

・He lives in **the house** [which was built 100 years ago]. *先行詞は「物」

　= He lives in **the house** [that was built 100 years ago].

　彼は100年前に建てられた家に住んでいます。

☑Check 2 　所有格の関係代名詞

> 次の文の空所に最も適切なものを選んで入れよ。
> He often uses words ▢ meanings are hard to understand.
> ① which　　② that　　③ whom　　④ whose　　　　（九州国際大）

正解 ④

解説 空所後の meanings と動詞の are から，meanings が主語の一部になることが

 関係代名詞の格の選択がもっとも重要な項目です。関係詞節中での主語や目的語あるいは所有格の不足をしっかりと見抜き，適切な関係代名詞を選べるようになる必要があります。また，関係代名詞と関係副詞の区別も要注意です（p.90 差がつく 15 題：1 参照）。

わかり，所有格形の ④ **whose** が正解になります。**Their** meanings are .... の Their が関係詞になり words を修飾していると考えるとよいでしょう。

和訳 彼はしばしば，その意味が理解しにくい単語を使います。

■ 所有格の関係代名詞

所有格の関係代名詞は名詞を修飾し，その名詞とともに関係詞節中で主語・目的語・補語の役割を果たします。

・I know **a boy** [whose father is a policeman].
    私はお父さんが警察官の少年を知っています。

・He is **the man** [whose house I visited yesterday].
    彼は私が昨日その人の家を訪ねた男性です。

・She lives in **a house** [whose roof is red].
    彼女は屋根の赤い家に住んでいます。 ※ that は所有格の関係代名詞としては用いられません。

☑Check ③ 目的格の関係代名詞

次の文の空所に最も適切なものを選んで入れよ。
The novel [   ] she wrote is read all over the world.
① what   ② which   ③ whose   ④ when   （大阪学院大）

正解 ②

解説 まず，先行詞が The novel「小説」という「物」であることを確認し，空所後に動詞 wrote の目的語がないことから，目的格の関係代名詞 ② **which** が正解。

和訳 彼女が書いた小説は世界中で読まれている。

■ 目的格の関係代名詞：目的格の関係代名詞は省略できます。

・She is **a person** [(whom/that) you can trust].
    彼女はあなたが信頼できる人です。

・**The shoes** [(which/that) you are wearing] look nice.
    あなたが履いている靴はすてきに見えますね。

空所に最も適切なものを選んで入れよ。

1 I bought a book ☐ tells us about iPS cells.

① who   ② this   ③ which   ④ it

（駿台甲府高校）

2 Dr. Johnson, ☐ I met at the welcome party, is going back to his country.

① that   ② which   ③ what   ④ whom

（畿央大）

3 The old man ☐ yesterday was my best friend's grandfather.

① I saw him   ② I saw who   ③ who saw I   ④ I saw

（関西学院高等部）

4 Surprisingly enough, Kevin gave me all the books ☐ he had.

① that   ② of which   ③ what   ④ whom

（広島工業大）

5 The house ☐ the famous writer was born is open to the public as a museum.

① when   ② that   ③ which   ④ where

（札幌学院大）

6 ☐ we need now is some good advice from experts.

① Which   ② Whether   ③ That   ④ What

（摂南大）

1 ③

▶ 空所前にある先行詞が a book という「物」であり，空所後の動詞 tells に主語がないので，**主格の関係代名詞** ③ which を選択します。先行詞の数に合わせて tell には 3 人称単数現在の -s がついていることも確認しておきましょう。 語句 cell 名「細胞」

和訳 私は iPS 細胞について教えてくれる本を買った。

2 ④

▶ 先行詞は Dr. Johnson という「人」であり，空所後の節で他動詞 met の目的語がないので，**目的格の関係代名詞** ④ whom が正解になります。なお，① that は「人」を先行詞にすることができますが，コンマの後で先行詞を補足的に説明する用法である **継続用法** では用いることができず，不適切です。

和訳 ジョンソン博士は，私が歓迎会で会った人ですが，帰国する予定です。

3 ④

▶ 先行詞は The old man で「人」であり，関係詞節中の動詞が他動詞 see の過去形 saw なので The old man（**whom/that**）I saw となりますが，関係代名詞は saw の目的語の役割を果たす目的格なので，省略されていると考え，④ I saw が正解と判断します。

和訳 私が昨日会った老人は，私の親友の祖父でした。

4 ①

▶ 空所後の動詞 had の目的語がないので，目的格の関係代名詞が空所に入ると判断できますが，先行詞が「物」を表す the books で，all がついていることから ① that が正しいと考えます。このように **先行詞が all や only で限定されている場合には，関係代名詞 that** が好まれます。

和訳 非常に驚いたことには，ケビンは持っていた本をすべて私にくれた。

5 ④

▶ 空所後に the famous writer was born「その有名な作家が生まれた」という文があり，そこには **主語や目的語の不足がないので**，空所には関係代名詞ではなく，**関係副詞** を入れます。先行詞 The house が場所を意味するので，④ where が正解です。

和訳 その有名な作家が生まれた家は，博物館として一般に公開されている。

6 ④

▶ この文では動詞 is の主語となる名詞節を完成させる必要があります。空所は文頭で先行詞がないので，**先行詞をその中に含んだ関係代名詞の** ④ What が正解です。なお，この問題での What は関係詞節中では need の目的語になっています。

和訳 私たちが今必要としているものは，専門家からのよいアドバイスです。

差がつく 15 題

1〜10：空所に最も適切なものを選んで入れよ。

1 This is the house ☐ she lived in.

   ① where   ② what   ③ which   ④ when

（慶應義塾志木高校）

2 A woman ☐ came to see you.

   ① who I don't know her name   ② I don't know her name
   ③ whose name I don't know   ④ of her name I don't know

（明治大学付属中野高校）

3 A person ☐ to watch action movies must like this movie, too.

   ① which like   ② which likes   ③ who like   ④ who likes

（札幌学院大）

4 I'll show you a photo of the hospital ☐ I was born.

   ① which   ② which in   ③ in which   ④ where to

（東北福祉大）

1 ③

▶ 先行詞が the house なので，関係副詞の ① where を選びたくなりますが，空所後で前置詞 in の目的語になる名詞が不足しています。したがって，関係副詞ではなく，**関係代名詞が必要**であり，正解は ③ which です。このように関係代名詞か関係副詞かの区別は，関係詞節中での名詞の過不足を確認することで解決します。

和訳 これは彼女が暮らしていた家です。

2 ③

▶ 関係代名詞の機能は「代名詞＋接続詞」です。この問題文には，A woman came to see you. と I don't know her name. という 2 つの文が含まれており，2 文目が 1 文目の主語 A woman を修飾する形にすればよいので，her name の her を所有格の関係代名詞に変え whose name とし，それを関係詞節の先頭に置きます。よって，③ **whose name I don't know** が正解となります。

和訳 私が名前を知らない女性があなたに会いに来ました。

3 ④

▶ 主格の関係代名詞が用いられる場合，関係詞節中の動詞は先行詞の数に一致します。この問題では先行詞が A person なので，先行詞が「人」の場合の関係代名詞 who の後にここでは 3 人称単数の動詞 likes が必要となり，④ **who likes** が正解。

和訳 アクション映画を見るのが好きな人は，この映画も好きにちがいありません。

4 ③

▶ 空所後で I was born「私が生まれた」という文が成立しており，S や C の不足がないので関係副詞 where を考えますが，④は前置詞 to が余分です。そこで，I was born in the hospital. の文で，the hospital が先行詞と同じなため関係代名詞化していると判断し，③ **in which** を選びます。なお，この文は ... the hospital（which）I was born in. と書き換えることもできます。

和訳 私が生まれた病院の写真をあなたに見せてあげましょう。

5 Have you sent thank-you notes to the relatives from ⬚ you received gifts?

      ① which   ② them   ③ whom   ④ that

（久留米大学附設高校）

6 Paris is one of the cities ⬚ I've long wanted to visit.

      ① that   ② where   ③ what   ④ to which

（久留米大学附設高校）

7 My son has three best friends, all of ⬚ are his classmates.

      ① them   ② these   ③ those   ④ whom

（九州国際大）

8 This is the shop ⬚ sells second-hand English books.

      ① where   ② what   ③ which   ④ wherever

（芝浦工業大）

9 ⬚ teaches him, he will never understand this simple rule.

      ① Someone   ② Anyone   ③ Whoever   ④ Whomever

（拓殖大）

5 ③

▶ 空所後は you received gifts で〈S＋V＋O〉の文が成立しています。よってここでは you received gifts from them の前置詞句 from them の them が関係代名詞になったと考え，前置詞 from の目的語であることから，目的格の関係代名詞で先行詞を「人」とする ③ whom が正解だと判断します。

[語句] relative 名「親戚，親族」，thank-you note「礼状」

[和訳] あなたに贈り物を贈ってくれた親戚に礼状を送りましたか？

6 ①

▶ 先行詞が the cities で「場所」であることから ② where を選んでしまいがちですが，これだと不定詞 to visit の目的語が不足していますので，関係副詞ではなく，**目的格の関係代名詞**が必要です。したがって，① that が正解となります。

[和訳] パリは私が長いこと訪ねてみたいと思ってきた都市の１つです。

7 ④

▶ 先行詞が three best friends で「人」であり，同時に all of の前置詞 of の目的語になるので，④ whom が正解です。関係詞節中では all of whom が主語として機能しています。①〜③は関係詞ではないので，コンマの前と結びつけることができません。

[和訳] 私の息子には３人の親友がいて，彼らは皆，息子のクラスメートです。

8 ③

▶ 空所直後に他動詞 sells があり，その目的語の second-hand English books がある一方で，sells の主語が不足していることを確認すれば，関係副詞の ① where ではなく，主格の関係代名詞 ③ which が入ると理解できます。

[語句] second-hand 形「中古の」

[和訳] ここは英語の中古本を売っている店です。

9 ③

▶ 動詞 teaches の主語がないことを確認します。空所の前に先行詞となる名詞が存在しないことから，**主格の複合関係代名詞**である ③ Whoever「だれが〜しようとも」が正解となります。なお，① Someone や ② Anyone では関係代名詞も接続詞もないことになるため，コンマより後ろの部分とつなげることができません。

[和訳] だれが彼に教えようとも，彼はこの単純な規則を決して理解しないでしょう。

10 Ann is now very different from ⬚ she was five years ago.

① when ② whom ③ what ④ which

（清泉女子大）

11〜15：与えられた語句を並べ替えて，文を完成させよ。

11 There are ⬚ ⬚ ⬚ ⬚ in Kyoto.

① many foreign people ② a lot of places
③ which ④ visit

（栃木県立高）

12 I ⬚ ⬚ ⬚ ⬚ ⬚ for me last year.

① mother ② bought ③ like ④ the watch ⑤ my

（秋田県立高）

13 Is this ⬚ ⬚ ⬚ ⬚ ⬚ ?

① for ② pen ③ you're ④ the ⑤ looking

（宮崎県立高）

差がつくポイント 補語になる関係代名詞

10 ③
▶ まず，空所後で she was の補語になる名詞が不足していることを確認します。空所より前の部分に，先行詞となる名詞が見られないことから，ここでは先行詞を中に含んだ関係代名詞である ③ what が正解となります。〈what＋S＋was〉で「かつての S」という意味を表します。

和訳 アンは今では 5 年前の彼女とはすっかり違っている。

Ann is now very different from [**what** she was five years ago].

11 ②③①④ There are a lot of places which many foreign people visit in Kyoto.
▶ There are の後ろは複数形の名詞が来るので①と②のどちらを後続させることも可能ですが，動詞 ④ visit の意味を考えると visit の主語は人を表す名詞になるのがふつうなので，many foreign people visit（①④）が適切だとわかります。よって There are には ② a lot of places を続け，目的格の関係代名詞 ③ which を配置した上で，many foreign people visit（①④）を置いて完成です。

和訳 京都には多くの外国人が訪れる場所がたくさんあります。

12 ③④⑤①② I like the watch my mother bought for me last year.
▶ 与えられた語の中に ② bought と ③ like という 2 つの動詞があることに注目します。主語 I の動詞は ② bought も ③ like も可能ですが，my mother（⑤①）は 3 人称単数なので，my mother の動詞には ③ like は不可能です。よって，I の動詞には ③ like が来るとわかり，目的語に ④ the watch を置きます。それを先行詞とする関係詞節では my mother（⑤①）を主語，その動詞を ② bought とします。my mother の前に bought の目的語となる関係代名詞 which/that が省略されていると考えます。

和訳 私は母が去年私に買ってくれた腕時計を気に入っています。

13 ④②③⑤① Is this the pen you're looking for?
▶ look for 〜「〜を探す」という表現を用います。前置詞 for の目的語が関係代名詞として省略されていると考えれば，the pen（which/that）you're looking for ができ上がります。

和訳 これはあなたが探しているペンですか？

14 食物の生産に利用できる土地は限られている。

The amount of ☐ ☐ ☐ ☐ to ☐
☐ ☐ ☐.

① use   ② food   ③ limited   ④ produce
⑤ can   ⑥ land   ⑦ is   ⑧ we

（明治大学付属中野高校）

15 何を着ていても彼女はすてきだ。

No ☐ ☐ ☐, ☐ ☐ nice.

① she wears   ② matter   ③ she   ④ what   ⑤ looks

（松山大）

14 ⑥⑧⑤①, ④②⑦③　The amount of land we can use to produce food is limited.

▶ The amount of ～「～の量」の「～」の部分には ⑥ land「土地」を置き，その後に関係代名詞 which/that が省略された関係詞節が続いていると考え，we can use（⑧⑤①）とします。その後に，目的を表す不定詞の副詞用法として，to の後に produce food（④②）「食物を生産するために」を続け文の主部が完成します。残りは述部として is limited（⑦③）とします。

15 ②④①, ③⑤　No matter what she wears, she looks nice.

▶ no matter what ～ で「どんな～でも」（= **whatever**）という意味が表せるので，文頭の No の後ろに matter what（②④）を置き，① she wears を続けて副詞節を作ります。コンマの後ろは she looks（③⑤）を入れ，後ろに補語の nice が続く〈S + V + C〉の文を作ります。

11 前置詞・接続詞

この章では前置詞と接続詞を学習します。名詞を目的語として後続させる前置詞，文と文あるいは節と節をつなぐ役割を果たす接続詞，それぞれの基本的意味を確認し，正しい使い方を身につけましょう。

☑Check 1 「時」の前置詞

> 次の文の空所に最も適切なものを選んで入れよ。
> I visited Nara ☐ November 24, 2011.
> ① on　② in　③ at　④ for　　　　　　　　　　（神奈川県立高）

正解 ①

解説 空所後が日付になっているので，① **on** が正解です。月を表す November だけを見て in にしてしまわないように注意が必要です。

和訳 私は 2011 年 11 月 24 日に奈良を訪れました。

■「時」の前置詞

- ・「時」の1点：**at** seven o'clock　7 時に，**at** midnight　夜 12 時に
- ・午前・午後：**in** the morning　午前中に，**in** the afternoon　午後に
- ・特定の日（日付，曜日など）：**on** Sunday　日曜日に，**on** May 11　5 月 11 日に
- ・比較的長い期間：**in** July　7 月に，**in** 2015　2015 年に

☑Check 2 接続詞 that

> 次の文の空所に最も適切なものを選んで入れよ。
> ☐ Jim is telling a lie is obvious.
> ① If　② That　③ Though　④ What　　　　　　　（畿央大）

正解 ②

解説 空所から a lie までが文全体の主語として機能する必要があるので，② **That** を入れ，名詞節を構成します。① If や ③ Though では 2 つ目の is の主語がなくなってしまいます。　**語句** lie 图「嘘」，obvious 形「明らかな」

和訳 ジムが嘘をついていることは明らかです。

■ 名詞節を導く that：「…ということ」

- ・[**That** he knew the answer] was not surprising.　**主語**
  s
  彼が答えを知っていたということは驚きではなかった。

文意に合わせての適切な前置詞や接続詞の選択，前置詞と接続詞の正確な区別（✓Check 3 参照）などが頻繁に問われます。また，複数の語が１つの前置詞として機能する群前置詞（p.104 差がつく 15 題：9 参照）に関する知識も重要です。

・The trouble is [$\underset{c}{\textbf{that}}$ I have no money]. 補語
　問題は，私にはお金がないということだ。

・He says [$\underset{o}{\textbf{that}}$ he doesn't like it]. 目的語
　彼はそれが好きではないと言った。

✓Check 3　前置詞と接続詞の区別

> 次の文の空所に最も適切なものを選んで入れよ。
> I saw some famous athletes _____ my stay in London last summer.
> ① when　② while　③ during　④ for　　　　　　　　（中央大学杉並高校）

正解 ③

解説 空所後が my stay「私の滞在」という名詞句で，その後に動詞がないので接続詞は入れられず，前置詞が必要になります。**初めと終わりが意識できる名詞**を後続させ「～の間」という意味を表すことができるのは ③ during で，これが正解です。④ for は for five years「5 年間」などのように，**期間の長さ**を表現する場合に用います。

和訳 この前の夏のロンドン滞在中に，私は何人かの有名な運動選手を見ました。

■ 前置詞と接続詞

> (前置詞は名詞(句)の前に置かれ，接続詞は節(S＋V …)の前に置かれます。)

　before, after, until[till], since などのように前置詞と接続詞の両方に用いられる語もありますが，一方だけにしか用いられない語には注意が必要です。

・I was in bed yesterday **because** $\underset{節}{\text{I had a headache}}$.
　　　節 (S＋V) の前なので，because は「接続詞」。
　　　　　　　　　　　　　　　　　　　　　　頭痛がしたので，昨日は寝ていた。

　= I was in bed yesterday **because of** $\underset{名}{\text{a headache}}$.
　　　名詞句の前なので，because of は「前置詞」。
　　　　　　　　　　　　　　　　　　　　　　頭痛のせいで，昨日は寝ていた。

・I went skiing **while** $\underset{節}{\text{I was staying in Hokkaido}}$.
　　　節 (S＋V) の前なので，while は「接続詞」。
　　　　　　　　　　　　　　　　　　　　　　北海道に滞在している間，私はスキーに行った。

　= I went skiing **during** $\underset{名}{\text{my stay}}$ in Hokkaido.
　　　名詞句の前なので，during は「前置詞」。
　　　　　　　　　　　　　　　　　　　　　　北海道に滞在中，私はスキーに行った。

空所に最も適切なものを選んで入れよ。

1 If you don't want to get fat, you should not eat ⬚ meals.

     ① on   ② for   ③ between   ④ during

(函館ラ・サール高校)

2 A: What time did you come here?
B: ⬚ 6:30.

     ① To   ② In   ③ On   ④ At

(岩手県立高)

3 Ryo tried to use a computer, ⬚ his father was using it. So he started reading a book.

     ① but   ② if   ③ because   ④ or

(秋田県立高)

4 Let's play baseball ⬚ the weather is nice tomorrow.

     ① or   ② if   ③ so   ④ but

(沖縄県立高)

5 ⬚ I was very tired, I finished all of my homework.

     ① If   ② But   ③ Though   ④ Because

(中央大学杉並高校)

6 Let's leave here ⬚ it starts raining.

     ① during   ② then   ③ till   ④ before

(関西学院高等部)

1 ③

▶ 前置詞 between は between *A* and *B* で「A と B の間で[に]」という意味で用いられ，③が正解となります。eat between meals で「間食をする」です。

和訳 もしあなたが太りたくないなら，間食をすべきではありません。

2 ④

▶「ここに来たのが何時か」という質問に対する解答なので，**特定の時点**を示す必要があり，適切な前置詞は ④ **At** となります。

和訳 A：あなたは何時にここに来ましたか？　B：6 時 30 分です。

3 ①

▶ tried to use a computer に対して，後続する文で started reading a book とあるので，「コンピューターを使えない」状況を**逆接**的に示す ① **but** が正解です。② if「もし～なら」，③ because「～なので」，④ or「あるいは，さもないと」はいずれも意味的に不成立です。

和訳 リョウはコンピューターを使おうとしたが，父親が使っていた。そこで彼は本を読み始めた。

4 ②

▶ play baseball「野球をする」ことに対して the weather is nice tomorrow「明日天気がよい」ということが**条件**となると考えられるので，② if が正解と判断できます。

和訳 もし明日天気がよければ，野球をしましょう。

5 ③

▶ I was very tired「私はとても疲れていた」と I finished all of my homework「私は宿題をすべて終わらせた」が意味的に対比されているので，**譲歩**（「～にもかかわらず」）の接続詞 ③ **Though** が適切です。① If は「条件」，④ Because は「理由」です。

和訳 私は疲れていましたが，宿題をすべて終わらせました。

6 ④

▶ 空所前の Let's leave here，空所後の it starts raining という 2 つの節を結ぶため，接続詞が必要です。意味的に ③ till「～まで」では不自然であり，④ **before** が正しいとわかります。① during は前置詞，② then は副詞なので不可です。

和訳 雨が降り始める前に，ここを出ましょう。

1〜10：空所に最も適切なものを選んで入れよ。

1 Takeshi will arrive at the station [＿＿＿].

① by ten minutes ② for ten minutes
③ on ten minutes ④ in ten minutes

(東海高校)

2 The fact [＿＿＿] he passed the examination made everyone happy.

① that ② which ③ how ④ what

(拓殖大)

3 I can't drink this coffee [＿＿＿] milk. It's too bitter.

① with ② without ③ over ④ through

(中央大学杉並高校)

4 She asked me [＿＿＿] a cup of tea.

① if I'd like ② like ③ that I like ④ what I'd like

(日本女子大)

5 I usually finish work at 5:00 p.m., but sometimes I work [＿＿＿] 8:00 p.m.

① at ② by ③ for ④ till

(法政大学第二高校)

1　④

▶「今から～後に，～たつと」という意味では前置詞 in を用います。したがって，正解は ④ in ten minutes となります。for は「期間」を表すので，② for ten minutes は「10 分間」という時間の長さを表す意味になり，ある時点での出来事を示す arrive at the station「駅に到着する」とは意味的に整合しません。

和訳 タケシは 10 分後に駅に到着するでしょう。

2　①

▶ 空所以下が主語の The fact の内容を説明しているので，**同格節**と考え，接続詞 ① that を入れ，「～という事実」という意味にします。この文は examination までが主部で，made everyone happy という述部が続いている形です。

語句 pass 他「～に合格する」，examination 名「試験」

和訳 彼が試験に合格したという事実がみんなを幸せにした。

3　②

▶ 第 2 文で It's too bitter.「苦すぎる」と言っているので，「ミルクなしでは飲めない」と考え，② without を選びます。

和訳 私はこのコーヒーをミルクなしでは飲めません。苦すぎます。

4　①

▶ 接続詞 if には「もし～ならば」の副詞節を導く用法のほかに，「～かどうか」という **名詞節**を導く用法があります。ここでは ask O if ～「O に～かどうか尋ねる」という意味が適切なので，① if I'd like が正解です。〈would like＋名詞〉で「～が欲しい」という意味になります。

和訳 彼女は私にお茶を 1 杯飲みたいかどうか尋ねた。

5　④

▶ 状態や動作の**継続**を意味して「～まで」という意味では，till［until］を用います。ここでは work という動作が午後 8 時まで続くということで，④ till が正解です。② by は I will get home **by** 5 o'clock.（5 時までに帰宅します。）などのように，ある動作や行為が成立する**期限**を表す「～までに」です。

和訳 私はふだん午後 5 時に仕事を終えますが，ときどき午後 8 時まで働くこともあります。

6 Although [   ], she finished the race in the first place.

    ① she was leading all the way
    ② she was full of energy and strength
    ③ she was interested in running
    ④ she was far behind in the beginning

（明治大学付属中野高校）

7 Be careful [   ] you use this machine.

    ① for   ② when   ③ but   ④ during

（関西学院高等部）

8 Tom's got something wrong [   ] his foot.

    ① to   ② for   ③ with   ④ of

（慶應義塾志木高校）

9 [   ] your help, I managed to finish the work in time.

    ① On behalf of   ② Because   ③ Thanks with   ④ Thanks to

（愛光高校）

10 Take this medicine, [   ] you will feel better.

    ① and   ② but   ③ or   ④ that

（大阪学院大）

6 ④

▶ 空所前に**譲歩**の接続詞 Although があることに着目すると，2つの節が対比的な意味を持つことになるので，「彼女は1着でレースを終えた」に対して，far behind in the beginning「最初はずっと遅れていた」が意味的に整合し，④が正解となります。

語句 lead 自「先頭を行く」，behind 副「遅れて」

和訳 彼女は最初かなり遅れていましたが，1着でレースを終えました。

7 ②

▶ 空所の後ろが you use this machine で〈S＋V＋O〉の節になっているので，接続詞が必要であり，前置詞である ④ during は間違いであるとわかります。① for を接続詞として使う場合には，for の前が結果，後ろが理由を表すので不適切です。③ but は接続詞ですがその前後で意味が対立する必要があり，この文ではそのような意味ではないので，これも不自然です。よって「〜のとき」という意味の ② when が正解です。

和訳 この機械を使うときには注意してください。

8 ③

▶ Tom's got は Tom has got が短縮された形で，**have got** は have とほぼ同義です。**have something wrong with 〜**「〜はどこか故障している，〜はどこか具合が悪い」という慣用表現があるので，③ **with** が正解です。Something is wrong with 〜. や There is something wrong with 〜. でも同じ意味が表現できることも覚えておきましょう。

和訳 トムはどこか足の調子が悪い。

9 ④

▶ ④ **Thanks to 〜** は「〜のおかげで」という意味の1つの前置詞（群前置詞）として機能するので④が正解です。なお，① On behalf of 〜 は「〜を代表して」の意味です。 語句 manage to *do*「なんとか do する」，in time 熟「時間内に，間に合って」

和訳 あなたの手助けのおかげで，私はなんとか仕事を時間内に終わらせることができました。

10 ①

▶ 〈命令文＋and ...〉で「〜しなさい，そうすれば…」という意味になるので，① **and** が正解です。なお，〈命令文＋or ...〉では「〜しなさい，さもないと…」という意味になることも覚えておきましょう。

和訳 この薬を飲みなさい。そうすれば気分がよくなりますよ。

11〜15：日本語の意味に合うように空所に最も適切な語を入れよ。

（関西学院高等部）

11 I cut the apple [＿＿＿] a knife.　　　［ナイフで切った］

12 I go to school [＿＿＿] bicycle.　　　［自転車で登校する］

13 The church is famous [＿＿＿] its beauty.　［美しさで有名だ］

14 I watched the game [＿＿＿] television.　［テレビで試合を見た］

15 Cheese is made [＿＿＿] milk.　　　　［ミルクで作られる］

11 with
▶ **道具**などを用いて「〜で」という意味では，前置詞 **with** が用いられます。

和訳 私はナイフでリンゴを切った。

12 by
▶ **乗り物・手段**を表す「〜で」は **by** を用いて表現できます。by bicycle［bike］で「自転車で」という意味です。冠詞（a や the）がつかないことにも注意しましょう。なお，「徒歩で」は **on foot** になります。

和訳 私は自転車で学校に行きます。

13 for
▶ be famous for 〜 で「〜で有名な」という意味になります。for の後ろは，有名である原因になるものが示されます。**be famous as 〜** の場合は，「〜として有名な」という意味になります。

和訳 その教会は美しいことで有名です。

14 on
▶「テレビで」は on television［TV］で表現されます。「ラジオで」は **on the radio** となります。

和訳 私はテレビでその試合を見ました。

差がつくポイント　be made of 〜，be made from 〜

15 from
▶ 製品の原料などを表す場合には，be made from 〜「〜から作られる」が用いられます。この場合，原料である **milk** が性質を変化させてチーズという別のものになっていることに注意します。素材そのものが変わっていない場合には，**This table is made of *stone*.**（このテーブルは石でできている。）などのように **be made of 〜** を用います。この場合，**stone** そのものが **table** の素材として残っています。

和訳 チーズは牛乳で作られる。

本章では疑問文・否定文・命令文に関する知識を整理します。疑問詞の用法や not 以外での否定の仕方など，さまざまなタイプの文の構造とそれぞれに関する特徴を確認し，レベル1の仕上げとしましょう。

☑Check 1 間接疑問文

次の文の空所に最も適切なものを選んで入れよ。

The police officer stopped us and asked us where _____.

① were we going　　② are we going

③ we are going　　④ we were going　　　　　（久留米大学附設高校）

正解 ④

解説 where 以下が動詞 ask の目的語として機能する名詞節になる**間接疑問文**の構造なので，**語順は平叙文と同じ**〈**S＋V ...**〉となります。asked が過去時制なので，be動詞が過去形になっている ④ **we were going** が正解です。

和訳 警察官は私たちを引き止め，どこに行く途中なのか尋ねた。

■ 間接疑問文

疑問文がほかの文の一部を構成し，その文中で主語・目的語・補語などとして機能している文を**間接疑問文**といいます。間接疑問文では，疑問詞の後は平叙文と同じ語順（S＋V）になることに注意が必要です。

> 疑問文：What *is this*?　これは何ですか？
> 間接疑問文：I don't know what *this is.*　私はこれが何か知らない。

> 疑問文：When *will you be* back?　いつ戻りますか？
> 間接疑問文：Tell me when *you will be* back.　いつ戻るか教えてください。

☑Check 2 部分否定

次の文の空所に最も適切なものを選んで入れよ。

_____ came to the game last Sunday afternoon.

① All the students didn't　　② All the students ever

③ Never all the students　　④ Not all the students　　　　（神奈川大）

正解 ④

解説 Not all ～ で「すべての～が…するわけではない」という意味の**部分否定**の文になります。よって，④ **Not all the students** が正解です。なお，All が

否定語の前に置かれてはいけないので，①は不適切です。

和訳 すべての学生がこの前の日曜の午後の試合に来たわけではない。

■ 部分否定

「まったく～ない，両方とも～ない」のように全体を否定することを**全体否定**といい，「すべてが～とは限らない」のように一部分を否定することを**部分否定**といいます。

- **Not all** the problems have been solved.

  すべての問題が解決されたわけではない。

- I didn't meet **both** of the pianists.

  ピアニストの2人ともに会ったわけではない。

- She doesn't **always** eat out.

  彼女はいつも外食するわけではない。

☑Check **3** 否定の命令文

次の文の空所に最も適切なものを選んで入れよ。

Please ☐ photocopies of copyrighted materials without the permission of the publishers.

① no make ② don't make ③ not make ④ not to make （松山大）

正解 ②

解説 文頭に Please があることから，これは命令文であると考えると，命令文の否定は〈don't＋V〉や〈never＋V〉で表されるので，② **don't make** が正解だとわかります。 **語句** photocopy 图「（写真）複写，コピー」，material 图「素材」，permission 图「許可」，publisher 图「出版社」

和訳 出版社の許可なしに著作物のコピーを取らないでください。

■ 否定命令：Don't *do*，Never *do*

Don't waste your time.	時間をむだにしてはいけない。
Don't be afraid of making mistakes.	間違いを恐れてはいけない。
Never say that again.	それは二度と言ってはいけません。

空所に最も適切なものを選んで入れよ。

1 You don't believe Megumi told a lie, ⬚ ?

     ① don't you   ② do you   ③ didn't she   ④ did she

（中央大学杉並高校）

2 ⬚ pencil is this?

     ① Who   ② Whose   ③ Whom   ④ When

（駿台甲府高校）

3 ⬚ of you would like to go first?

     ① What   ② When   ③ Which   ④ How

（西南学院大）

4 I have two pens here. ⬚ one do you want to use?

     ① How   ② Why   ③ Who   ④ Which

（駿台甲府高校）

5 A: ⬚ did you go to the concert?
B: I went there by train.

     ① When   ② Why   ③ How   ④ Who

（栃木県立高）

6 How ⬚ does it take from here to the library?

     ① many   ② long   ③ much   ④ often

（駒込高校）

1 ②
▶ まず主語が You で，一般動詞 believe が否定されていることを確認し，肯定の助動詞 do と主語 you が用いられている ② **do you** が正解と判断します。「～ですね」という付加疑問文では，主節が肯定文であるか否定文であるかと，be動詞／一般動詞／助動詞の区別を確認します。 語句 tell a lie 熟「嘘をつく」
和訳 あなたはメグミが嘘をついたとは思っていませんね。

2 ②
▶ 可算名詞 pencil に a や the の冠詞も所有格の代名詞もないのは不自然なので，**所有格の疑問代名詞**である ② **Whose** が正解になります。① Who では文の主語や目的語，③ Whom では目的語となり文法的に不適切で，④ When では「時」を尋ねることになるので意味的に不自然です。
和訳 これはだれの鉛筆ですか？

3 ③
▶ 空所の後ろに of you「あなた方のうちで」という前置詞句があるので，空所には名詞または代名詞が必要です。ここでは，人を指すことができる**疑問代名詞**の，③ **Which** が正解となります。
和訳 あなた方のどちらが先に行きたいですか？

4 ④
▶ 空所直後に代名詞の one があることに着目すると，名詞・代名詞を修飾する形容詞が必要だと考えられるので，**疑問形容詞**の役割を持つ ④ **Which** が正解です。
和訳 ここにペンが２本あります。あなたはどちらを使いたいですか？

5 ③
▶ Bの「電車で行った」という返答から，Aの質問内容は「コンサートへの行き方」だとわかります。そこで，方法・手段を尋ねる**疑問副詞** ③ **How** を入れます。
和訳 A：どうやってコンサートに行きましたか？　B：電車で行きました。

6 ②
▶ 何かをするのに必要な時間を尋ねるには How long ～? という疑問文を利用します。ここでは，it を主語とした〈It takes ＋時間〉の構文の疑問文となっています。
和訳 ここから図書館までどのくらい時間がかかりますか？

差がつく 10 題

1〜8：空所に最も適切なものを選んで入れよ。

1 Who [＿＿＿＿] this picture of the beautiful mountains?

① taking ② took ③ taken ④ do it take

（神奈川県立高）

2 How [＿＿＿＿] will the concert begin? — In about ten minutes.

① long ② often ③ soon ④ much

（愛光高校）

3 She didn't sing the song, [＿＿＿＿]?

① isn't she ② does she ③ did she ④ didn't she

（沖縄県立高）

4 [＿＿＿＿] clearly when you make a speech in public.

① Always speak ② Speak always
③ Not speak ④ Speak never

（広島修道大）

5 学生全員が会議に出席したわけではありません。
[＿＿＿＿] the students attended the meeting.

① No ② None of ③ No every ④ Not all of

（山梨大）

1 ②

▶ 疑問詞の Who は文中で主語の役割を果たすので，そのまま時制を持った動詞を後続させると文が完成します。よって，② **took** が正解です。①や③は分詞であり，それ自体は時制を持たないので不適切です。④では Who と it の2重主語になってしまうので，明らかに誤りです。

和訳 だれがこの美しい山々の写真を撮ったのですか？

2 ③

▶ 質問に対する答えで前置詞の in が用いられ，「今から約10分後」という意味であることを考えると，**未来の出来事が生じる時点**を尋ねていることがわかるので，③ **soon** を入れ，**How soon ～?** の疑問文とするのが適切です。① long では経過時間や所要時間，② often では頻度，④ much では量を尋ねることになり，ここではいずれも不適切です。

和訳 コンサートはあとどのくらいで始まりますか？―およそ10分後です。

3 ③

▶ 付加疑問文の問題です。文の主語が She で，didn't sing と一般動詞 sing が否定された過去時制の文なので，過去の肯定の形である ③ **did she** が正解と判断できます。

和訳 彼女はその歌を歌いませんでしたね？

4 ①

▶ 命令文は動詞が文頭に置かれますが，その動詞が一般動詞の場合，**頻度を表す副詞は動詞の前に置かれるのが原則**です。したがって，① **Always speak** が正解になります。③は Don't speak，④は Never speak であれば，それぞれ文法的には正しくなりますが，意味的には不自然です。 語句 in public 熟「人前で」

和訳 人前でスピーチをするときには，常にはっきりと話しなさい。

5 ④

▶ ④ **Not all of ～** で「すべての～が…わけではない」，すなわち「一部は…でない」という**部分否定**の意味が表せます。空所直後に the があるので①や③は文法的に誤りです。② None of ～ では「すべての～が…ない」と全体否定になります。また，ˣAll the students didn't attend... のように all を not より前に置くことはできないことにも要注意です。 語句 attend 他「～に出席する」

6 She ▢ watches that video without laughing.

① never ② cannot ③ doesn't ④ no

（東京経済大）

7 Don't come too close to the dog, ▢ it will bite you.

① or ② if ③ and ④ when

（中央大学杉並高校）

8 He was so drunk that he could ▢ walk.

① able ② unable ③ hard ④ hardly

（大阪学院大）

9〜10：与えられた語句を並べ替えて，文を完成させよ。

9 今私たちがどこにいると思いますか。

▢ ▢ ▢ ▢ ▢ ▢ now?

① do ② think ③ you ④ we ⑤ where ⑥ are

（帝京大）

10 隣の教室には生徒は見あたりませんでした。

▢ ▢ ▢ ▢ ▢ ▢ ▢
▢ ▢ .

① no ② the ③ seen ④ students ⑤ be
⑥ next ⑦ in ⑧ could ⑨ classroom

（実践学園高校）

6　①
▶ 空所直後の動詞が watches と 3 人称単数現在形になっていることを確認します。動詞の原形を後続させる ② cannot や ③ doesn't は不適切で，④ no はそもそも名詞を修飾するものですから，正解は副詞の ① **never** になります。never ～ without ... は「…なしに～しない」という**二重否定**で，「～すると必ず…する」という意味になります。　語句 laugh 国「笑う」
和訳 彼女はあのビデオを見ると必ず笑ってしまう。

7　①
▶〈命令文＋or ...〉で「～しなさい，さもないと…」という意味を表す表現があるので，正解は ① or となります。なお，〈命令文＋and ...〉は「～しなさい，そうすれば…」という意味になります。　語句 bite 他「～をかむ」
和訳 犬に近づきすぎないでください。さもないとあなたをかみますよ。

8　④
▶ not 以外の副詞で否定が表現される場合もあります。ここでは副詞 ④ **hardly**「ほとんど～ない」を用いて否定的な意味を表します。なお，この文では〈**so＋形容詞＋that ...**〉で「とても～なので…」という構文が用いられていることも確認しておきましょう。　語句 drunk 形「酔っている」
和訳 彼はとても酔っていたのでほとんど歩けなかった。

9　⑤①③②④⑥　Where <u>do you</u> <u>think</u> <u>we</u> <u>are</u> now?
　　　　　　　　　　　　(V)　S　　V　　　S'　V'
▶ 間接疑問文中で主節動詞が think の場合には注意が必要です。「考える」か「考えない」かを尋ねる文ではないので，〈Do you think＋疑問詞 ～?〉にはならず，〈疑問詞＋**do you think** ～?〉という語順になります。よって，文頭に ⑤ where を置き，do you think（①③②）を続けた上で疑問詞節の主語と動詞 we are（④⑥）を配置します。

10　①④⑧⑤③⑦②⑥⑨　<u>No students</u> <u>could be seen</u> in the next classroom.
　　　　　　　　　　　　　　　S　　　　V
▶ 動詞を否定する not や never が選択肢になく，① no があることから，**主語となる名詞を否定する文**だと見当をつけます。No students（①④）の後に〈助動詞＋受動態〉で could be seen（⑧⑤③）の述部を続け，最後に場所を表す副詞句である in the next classroom（⑦②⑥⑨）を置いて完成させます。

ランダム20題で力だめし！

1 New houses will ⬜ in this area.

  ① build   ② be built   ③ have built   ④ building

（駿台甲府高校）

2 She found ⬜ in ghosts.

  ① impossible to believe   ② impossible believing
  ③ it impossible to believe   ④ it impossible for believing

（名城大）

3 My father was cutting the ⬜ trees then.

  ① fallen   ② falling   ③ fall   ④ fell

（九州国際大）

4 Robots can go into buildings which have been damaged by earthquakes and look for people who ⬜.

  ① injured   ② to injure   ③ injure   ④ are injured

（駿台甲府高校）

5 We couldn't buy anything because ⬜ of the stores were open.

  ① all   ② none   ③ some   ④ nothing

（明治大学付属中野高校）

6 Her grandmother has been ⬜ for ten years.

  ① dies   ② died   ③ death   ④ dead

（慶應義塾志木高校）

7 This room is [ ] hers.

① as twice large as ② as large as twice

③ twice as large as ④ as large twice as

（追手門学院大）

8 Since he is very rich, he has [ ] furniture in his house.

① much ② many ③ a few ④ hundreds of

（名古屋学院大）

9 When everyone had sat down, there were two seats [ ] in the hall.

① leaving ② had left ③ left ④ were leaving

（佛教大）

10 We visited our relatives [ ] we were on vacation.

① what ② while ③ how ④ during

（亜細亜大）

11 Amy [ ] on the left because she has lived in Britain for a long time.

① gets used to drive ② is used to drive

③ is used to driving ④ used to drive

（共立女子大）

12 What's the name of the hotel [ ] we stayed in Kyoto?

① what ② where ③ which ④ for which

（関東学院大）

13 Sue can type faster than ☐ in this office.

① all other employee   ② every other employees
③ any other employee   ④ each other employees

（広島工業大）

14 A lot of students these days think about ☐ abroad for different purposes.

① go   ② going   ③ to go   ④ going to

（清泉女子大）

15 You ☐ to school today if you are not feeling well.

① had not to go   ② had gone
③ had better not go   ④ had not better go

（九州国際大）

16 If I ☐ this information in advance, I would not have visited that store.

① get   ② have   ③ have gotten   ④ had gotten

（神奈川大）

17 Ken told his son ☐ his new bicycle.

① no ride   ② not ride   ③ to ride not   ④ not to ride

（札幌大）

18 This is the concert hall ☐ we used to visit long ago.

① what ② where ③ which ④ in which

（中京大）

19 It ☐ this morning, so we went on a picnic.

① didn't raining ② wasn't rain
③ wasn't raining ④ wasn't rained

（広島修道大）

20 We got home very late, ☐ we?

① did ② do ③ didn't ④ don't

（大阪経済大）

正解と解説 ランダム20題で力だめし！

1 ②

▶助動詞 will の後なので動詞の原形が後続しますが，用いられている他動詞の build の目的語が示されていない点から，受動態の ② be built が正解と判断できます。

[和訳] この地域には新しい家々が建てられるでしょう。

⭕ **第 3 章 受動態「押さえておきたい 6 題」2 参照** (p.28)

2 ③

▶〈find＋O＋C〉で「O を C と思う」という意味ですが，O の位置に形式目的語を置き，それが名詞用法の不定詞を指している形の ③ it impossible to believe が正解になります。

[語句] believe in 熟 ～(の存在)を信じる

[和訳] 彼女は幽霊を信じることは不可能だと思った。

⭕ **第 4 章 不定詞「差がつく 15 題」9 参照** (p.40)

3 ①

▶自動詞 fall「倒れる」の過去分詞形 fallen で完了の意味が示され，「**倒れてしまった**」という意味になるので，① **fallen** が正解です。② falling という現在分詞では，「倒れている途中の」という意味になるので，cut「切る」の目的語としては意味的に不自然です。

[和訳] 私の父はそのとき，倒れた木を切っていた。

⭕ **第 6 章 分詞「押さえておきたい 6 題」3 参照** (p.54)

4 ④

▶injure は「～を傷つける，～にけがをさせる」という意味の他動詞で，「けがをする」という意味では受動態で用います。よって，④ **are injured** が正解です。なお，本問では be 動詞は関係代名詞 who の先行詞である people に数が一致して are になっています。

[語句] damage 他 ～に損害を与える，earthquake 名 地震

[和訳] ロボットは地震で被害を受けた建物に入り，けがをした人を探すことができる。

⭕ **第 3 章 受動態「差がつく 10 題」4 参照** (p.30)

5 ②

▶「何も買えなかった」という出来事の理由が空所以下の節が示されているので，none of ～ で「1つも～ない，どれも～ない」という否定的な意味が適切であり，② none が正解です。① all や ③ some では意味が不自然になります。また，④ nothing は〈of ＋名詞〉を後続させることができません。

和訳 店が1軒も開いていなかったので，私たちは何も買えませんでした。

◆第7章 名詞・代名詞「差がつく10題」1 参照 (p.64)

6 ④

▶be 動詞の現在完了形が用いられているので，補語になる形容詞の ④ dead が正解です。「10年間死んだ状態が続いている」というのが文字どおりの意味です。die「死ぬ」は自動詞なので受動態にはできないため，② died は不適切です。

和訳 彼女の祖母が死んでから10年になる。

◆第1章 動詞・時制「差がつく15題」12 参照 (p.16)

7 ③

▶「…の2倍の～」は twice as ～ as ... という原級比較の形で表現されます。よって，③ twice as large as が正解です。なお「…の3倍の～」の場合は three times as ～ as ... で〈数詞＋times〉を用いて表します。

和訳 この部屋は彼女の部屋の2倍の広さだ。

◆第9章 比較「差がつく15題」13 参照 (p.84)

8 ①

▶名詞 furniture は「家具(類)」という**集合名詞**で，数えることができない名詞です。したがって ① much が正解になります。②～④はすべて可算名詞を修飾するときに使います。なお，furniture を数えるときは **two pieces[items] of** furniture のように表現します。

和訳 彼はとてもお金持ちなので，家にはたくさんの家具がある。

◆第7章 名詞・代名詞 ☑Check 1 参照 (p.60)

9 ③

▶〈there are＋S＋*done*〉で「do されたSがある」という意味が表現できます。したがって，③ left が正解となります。Sである two seats が left「残された」という受け身の意味になることを確認しましょう。

和訳 皆が着席したころには，ホールには２席が残っていた。

◯ 第6章 分詞「差がつく10題」10 参照 (p.58)

10 ②

▶空所の後が〈S＋V〉で節となっているので，**前置詞ではなく接続詞**が必要です。したがって ② while が正解になります。④ during は前置詞なので，during our vacation などのように後ろには名詞句が置かれます。

和訳 私たちは休暇の間に親戚を訪ねました。

◯ 第11章 前置詞・接続詞 ☑Check 3 参照 (p.99)

11 ③

▶be used to *doing* で「do するのに慣れている」という慣用表現です。よって，③ is used to driving が正解です。to の後が動詞の原形ではなく，動名詞であることに注意しましょう。なお，この表現は **used to *do*「かつては do した」**との区別が非常に重要です。

和訳 エイミーは長くイギリスで暮らしてきたので，左側を運転するのに慣れている。

◯ 第5章 動名詞「差がつく10題」6 参照 (p.50)

12 ②

▶stay は目的語をとらない自動詞で，空所後で we stayed in Kyoto「京都で滞在した」という節が完成しているので，関係代名詞ではなく，**関係副詞**が必要です。よって，the hotel という場所を先行詞とする関係副詞の ② where が正解です。we stayed at the hotel in Kyoto の at the hotel という前置詞句全体が関係副詞になったと考えるとよいでしょう。

和訳 京都で私たちが泊まったホテルの名前は何ですか。

◯ 第10章 関係詞「押さえておきたい6題」5 参照 (p.88)

13 ③

▶〈比較級＋than any other＋単数名詞〉の形で「ほかのどの…よりも～」という意味になるので，③ **any other employee** が正解です。この文は，**No other** employee in this office can type **as fast as〔faster than〕** Sue. に書き換えられます。

語句 employee 名 従業員

和訳 スーはこの事務所のほかのどの従業員よりも速くタイプが打てる。

⭕ **第9章 比較「差がつく15題」2 参照**（p.80）

14 ②

▶まず前置詞 about に続く空所なので，動詞の原形や to 不定詞は入れられず，**動名詞**が必要であると判断します。次に，空所後の **abroad**「海外へ，海外で」は**副詞**なので，前置詞は不要であることから，④ではなく，② **going** が正解となります。

語句 purpose 名 目的

和訳 最近では多くの学生がさまざまな目的で海外へ行くことを考えている。

⭕ **第5章 動名詞 ☑Check 2 参照**（p.44）

⭕ **第8章 形容詞・副詞「押さえておきたい6題」2 参照**（p.70）

15 ③

▶助動詞 had better の否定は **had better not** であり，原形動詞の前に否定語が置かれます。よって③ **had better not go** が正解です。なお，この文では if 節の中で are という現在形が用いられているので，had があるからといって仮定法の文ではないことに注意しましょう。

和訳 もし具合がよくないなら，あなたは今日学校に行かないほうがよい。

⭕ **第2章 助動詞・仮定法「差がつく10題」3 参照**（p.22）

16 ④

▶コンマの後ろで would not have visited という〈助動詞の過去形＋have Vpp〉があるので，「もし～だったならば，…だっただろう」という**仮定法過去完了**の文だと判断し，④ **had gotten** を選びます。

語句 in advance 熟 前もって

和訳 この情報を前もってもらっていたら，私はあの店を訪れなかっただろう。

⭕ **第2章 助動詞・仮定法「押さえておきたい6題」6 参照**（p.20）

17 ④

▶〈tell＋O＋to *do*〉で「O に *do* するように言う」という語法があります。不定詞の否定は to の前に not などの否定語を置くので，④ not to ride が正解です。

[和訳] ケンは息子に彼の新しい自転車に乗らないように言った。

◯ **第4章 不定詞「押さえておきたい6題」1 および 3 参照** (p.36)

18 ③

▶空所後の関係詞節中で used to *do*「かつては *do* した」に続く他動詞 visit の目的語がないことから，**目的格の関係代名詞** ③ which が正解と判断します。先行詞が the concert hall という場所だからということで ② where にしないように気をつけましょう。

[和訳] ここは私たちがずっと昔によく訪れたコンサートホールです。

◯ **第10章 関係詞「差がつく15題」1**(p.90) **および 6**(p.92) **参照**

19 ③

▶rain が動詞として用いられる場合は，**自動詞**で「雨が降る」という意味です。①は didn't の後が -ing 形になっているので不可，②は wasn't の後が原形になっているので誤り，④は〈be＋Vpp〉で受動態なので，自動詞の rain には不可能です。よって過去進行形の ③ wasn't raining が正解です。

[和訳] 今朝は雨が降っていなかったので，私たちはピクニックに出かけました。

◯ **第1章 動詞・時制 ☑Check2 参照** (p.8)

20 ③

▶主節で一般動詞の過去形 got が肯定の形で用いられているので，付加疑問文では，過去形の助動詞 did を否定し，その後に主語 we が続くことになります。よって，③ **didn't** が正解です。

[和訳] 私たちはとても遅くに家に着いたのでしたね。

◯ **第12章 疑問・否定・命令「押さえておきたい6題」1** (p.110) **および「差がつく10題」3** (p.112) **参照**

正解数 1 〜 8 … 「押さえておきたい 6 題」をもう 1 周しよう！

正解数 9 〜14 … もう一息で『レベル 1』は完成。「差がつく」問題を中心に復習しよう！

正解数 15〜20 …『レベル 1』はばっちり身につきましたね。『レベル 2』へGO！